Chinesisch von Vorteil
Chinese is a Plus

Sylvie Boisseau & Frank Westermeyer

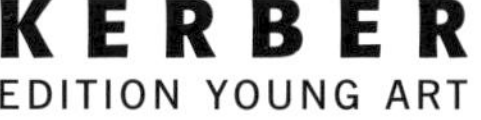

KERBER
EDITION YOUNG ART

Inhalt Content

Vorwort *von Cornelia Erdmann*

Als Leiterin der non-profit Galerie *1a space* in Hongkong lud ich 2008 Sylvie Boisseau und Frank Westermeyer für eine Einzelausstellung ein und schlug ihnen als Thema „Mobilität" vor – im Sinne körperlicher Aktivität, aber auch als geistige Haltung – ein Thema, das den Künstlern aus ihrem persönlichen Leben sowie aus ihren vorhergehenden Arbeiten vertraut war.

Sylvie Boisseau und Frank Westermeyer sind ein französisch-deutsches Künstlerpaar, das abwechselnd in Deutschland, der Schweiz und in Frankreich lebt und arbeitet. In ihrem Werk widmen sich Boisseau & Westermeyer ihrem Interesse für Räume, die sich durch Sprache bestimmen. Der Mensch lebt nicht nur in physischen Räumen, sondern auch in linguistischen Zusammenhängen. Diese psychologischen Räume prägen unser Denken und strukturieren unseren Zugang zu einer Kultur unter Umständen mehr als der körperliche Raum, in dem wir uns bewegen. In Zeiten der Globalisierung, in denen es uns das Flugzeug ermöglicht, praktisch jede geographische Distanz innerhalb eines halben Tages zu überwinden, und in welchen globale Marken und Gebrauchsgüter die bisherigen offensichtlichen Unterschiede mehr und mehr verwischen, wird Sprache – in Wort und Schrift – zum Schlüssel für das Verständnis des Anderen.

Preface *by Cornelia Erdmann*

As the manager and curator of the non-profit art space *1a space* in Hong Kong, I invited Sylvie Boisseau and Frank Westermeyer for a solo show in the gallery in 2008. For their exhibition I asked them to work around the theme ‚Mobility' - mobility in the sense of being physically active and/or having an adaptable mental mindset - which is a topic the artists are familiar with, in their personal lives as well as in their previous works.

Sylvie Boisseau and Frank Westermeyer are a French-German couple and artists' team who alternately live and work in Germany, Switzerland and France. In their work they devote their interest to spaces determined by language. Humans not only live in physical spaces, but also in linguistic realms. These psychological spaces mold our mindset and structure our comprehension of culture, possibly more than the physical space in which we move around. In the age of globalization in which air-travel enables us to bridge almost any geographical gap within half a day and global brands and commodities tend to wipe out traditional obvious differences, spoken and written language becomes the key to understanding the other's mindset.

Zeitgleich zur dramatischen Entwicklung Chinas während der letzten Jahrzehnte, die es an die vorderste Front der weltweiten ökonomischen und politischen Prozesse katapultierte, erfuhr auch die chinesische Sprache eine unerwartete Aufwertung: Nach jahrelangem Fristen als Nischensprache scheinbar ohne praktischen Nutzen für den Westen, stellen fortschrittliche Europäer und Nordamerikaner heute chinesische Kindermädchen ein, um ihren Kindern spielend Mandarin beizubringen. Im aufkommenden „Chinesischen Jahrhundert" ist Chinesisch sprechen zu können zum entscheidenden Vorteil geworden.

Während ihrer Vorbereitungen zu diesem Ausstellungsprojekt stießen Boisseau & Westermeyer eher zufällig auf den chinesischen Autor Lu Xun. Obwohl dieser von Mao Zedong als „Führer der chinesischen Kulturrevolution" gefeiert worden war und trotz seiner herausragenden Stellung im amtlichen Literaturkanon der Volksrepublik blieb er im Westen eher wenig bekannt. In seinen Texten reflektiert Lu Xun immer wieder über das Wesen der Sprache und ihre Beziehung zur (nationalen) Identität im Verhältnis zum (gestürzten) Feudalsystem. Als einer der ersten chinesischen Autoren setzte er in seinen Geschichten zeitgenössische Umgangssprache ein, als Kontrast zur Sprache der gebildeten Schichten, die bis dahin vorwiegend die Literatur beherrschte.

Für Lu Xun, wie auch für Boisseau & Westermeyer, ist Sprachidentität ein ambivalentes Konstrukt: Sprachraum bietet uns nicht die unveränderlichen und dauerhaften Koordinaten, auf die wir uns immer verlassen können. Sprache ändert ihre Bedeutung mit den Hintergründen ihrer Sprecher und Zuhörer, aber auch mit dem physischen Raum, in dem sie gesprochen wird.

Together with the dramatic development that China has experienced during the last decades, which brought it to the forefront of today's global economical and political processes, the Chinese language also suddenly experienced a complete re-evaluation. After many decades as an "exotic" language seemingly without much practical value to the West, progressive Europeans and North Americans today hire Chinese nannies to teach their children Putonghua*. In the coming "Chinese century", the ability to speak Chinese has become a definitive plus.

During their research for the current project Boisseau & Westermeyer came across the Chinese author Lu Xun. Despite being hailed as "commander of China's Cultural Revolution" by Mao Zedong, and his important position in the official literature canon of the mainland, Lu Xun is rather little known in the West. His writings, in many ways, reflect on the nature of language and (national) identity in opposition to the feudal system. He was also one of the first Chinese writers to adopt the vernacular language of his contemporaries for his stories, in opposition to using classical literary Chinese, the primary language used by educated authors.

For Lu Xun, like for Boisseau & Westermeyer, identity provided by language remains an ambivalent construct. The space of language does not provide us with steady and permanent coordinates on which we can always rely. Language changes its meaning according to the backgrounds of the speaker and the listener(s), but also according to the physical space in which it is spoken.

Chinese is a Plus is a video installation with two alternately running videos, each 18 minutes in length. The videos are projected on opposing walls. The room in between them remains empty and quiet, thus accentuating the monologues of the performers.

Chinesisch von Vorteil ist eine Videoinstallation aus alternierenden Videos von jeweils 18 Minuten Länge. Die Videos werden auf zwei sich gegenüberliegende Wände projiziert, der Raum dazwischen ist leer und betont die Monologe der Sprecher in den Videos.

Boisseau & Westermeyer entwickeln *Chinesisch von Vorteil* aus einer Art empirischem Experiment: Die Künstler finden einen Ort intensiver Auseinandersetzung mit der chinesischen Identität in einer chinesischen Sprachschule in Stuttgart. In unterschiedlichen Kursen erlernen dort Jugendliche mit chinesischem Migrationshintergrund ihre Muttersprache, während in den Klassen nebenan deutsche Arbeitnehmer aus Gründen der Selbsterweiterung Mandarin als Fremdsprache studieren.

Die Künstler folgen den Lektionen als Beobachter und lassen die verschiedenen Kursteilnehmer über ihre Vorstellungen von China sowie ihre persönliche Motivation für das Studium dieser Sprache nachdenken. Boisseau und Westermeyer zeigen deren komplexe Verhältnisse zu der (Fremd-) Sprache Chinesisch, die hinter der Parole „*Chinesisch von Vorteil*" stehen. Ein Schlagwort, welches die beiden in einer deutschen Stellenanzeige fanden.

Boisseau & Westermeyer base *Chinese is a Plus* on a kind of empirical experiment: In Stuttgart, Germany the artists find a node of intensive engagement with Chinese identity in the form of a Chinese language school. There, in separate courses, youths with a Chinese migration background learn their mother tongue, while in the adult courses next door, German professionals learn Putonghua* as a foreign language for self-realization.

The artists follow the lessons as observers and allow the various students to reflect on their ideas about China, as well as on their personal reasons for learning this language. Boisseau and Westermeyer show the complex relationships the students have with the (foreign) language Chinese behind the slogan *"Chinese is a Plus"*, a catchphrase the two found in a German advertisement for employment.

* Putonghua: standard Chinese, also called Mandarin

Chinesisch von Vorteil

Chinese is a Plus

中文有益

Zhōngwén yǒuyì

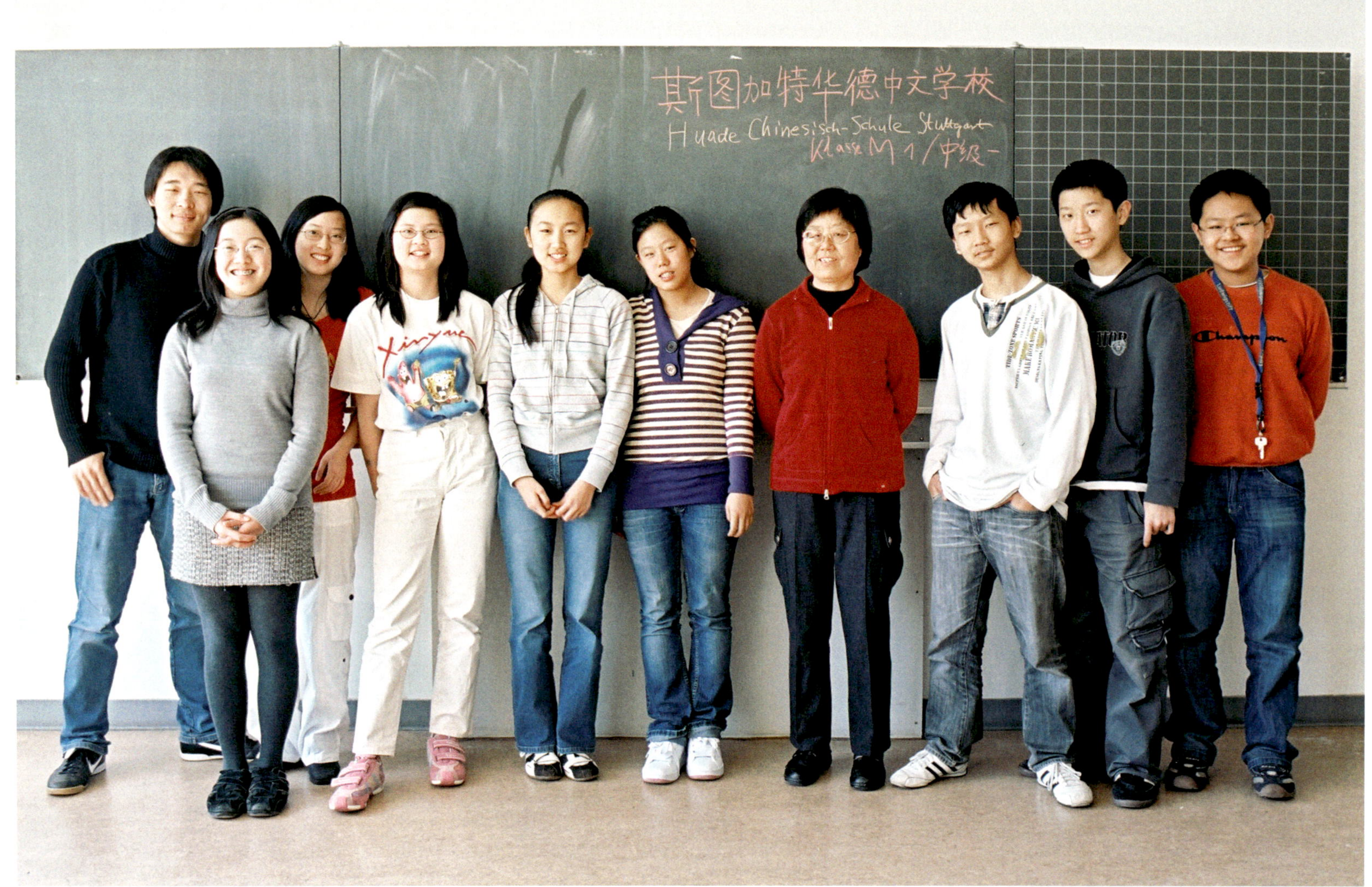
斯图加特华德中文学校
Huade Chinesisch-Schule Stuttgart
Klasse M 1/中级一

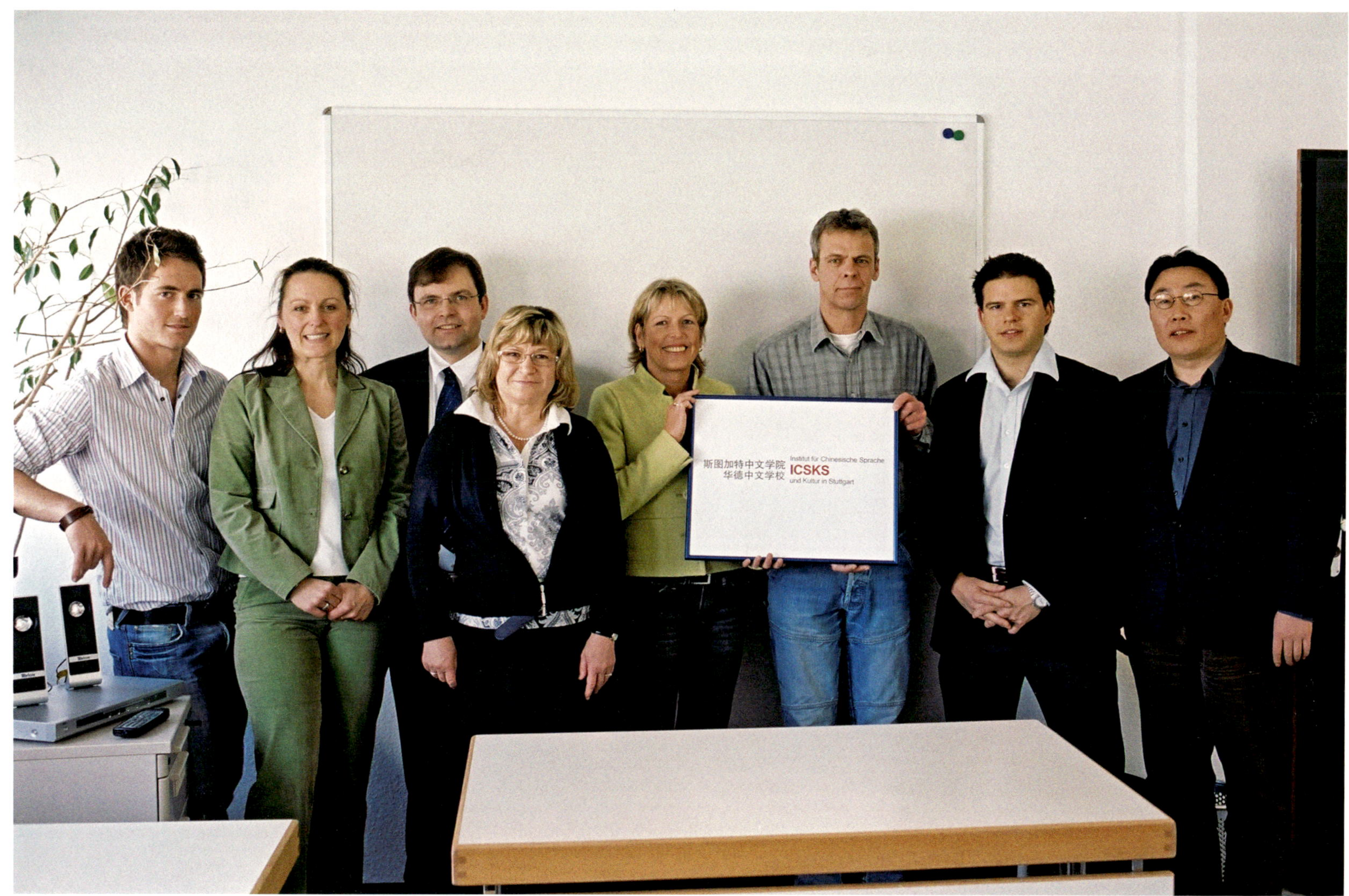
斯图加特中文学院
华德中文学校
Institut für Chinesische Sprache
ICSKS
und Kultur in Stuttgart

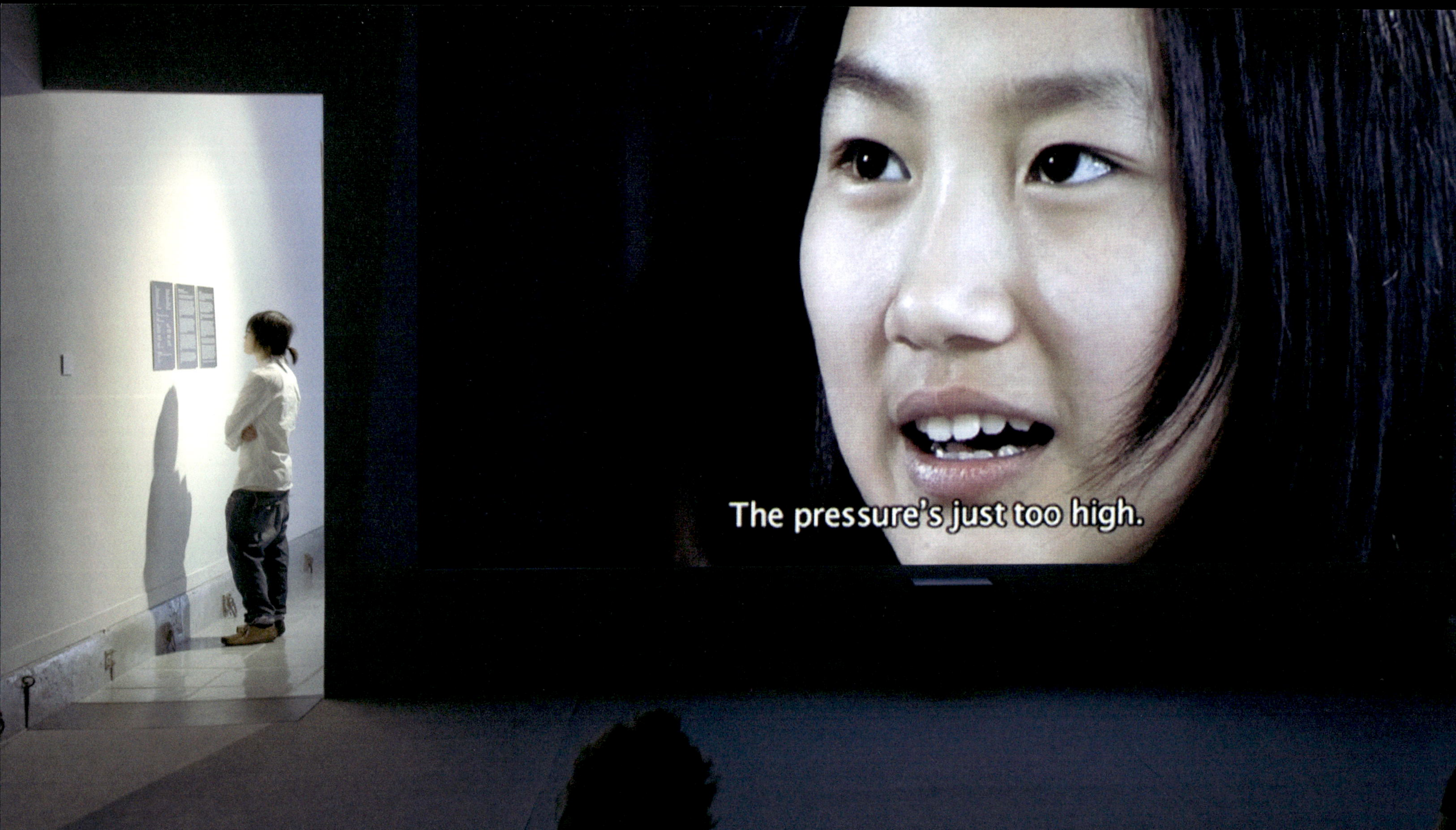
The pressure's just too high.

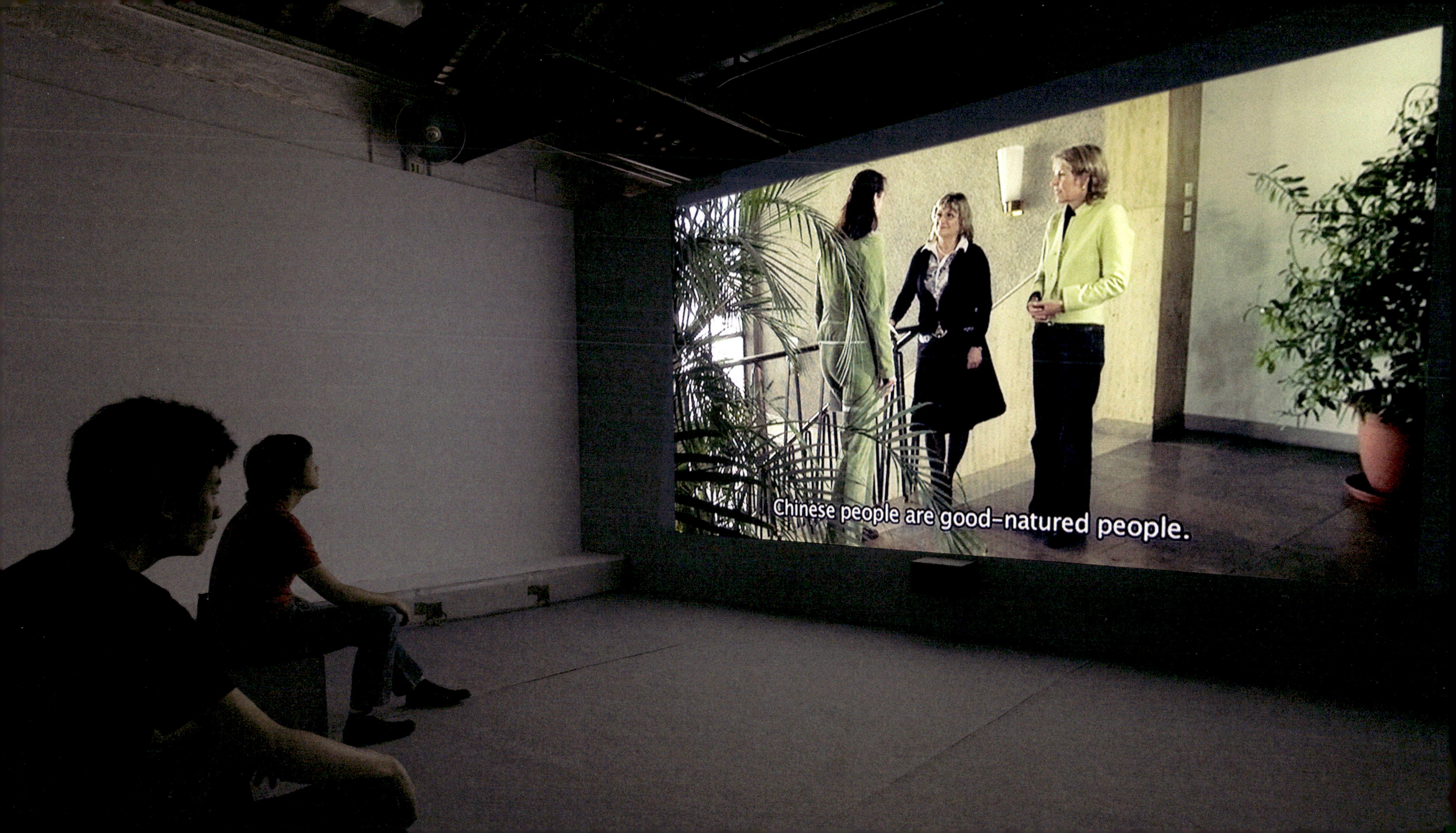
Chinese people are good-natured people.

Im Sprachlabor *von Katrin Mundt*

Die Videoarbeiten von Sylvie Boisseau und Frank Westermeyer sind der performativen Kraft der Sprache[1] auf der Spur. Ihre frühen Kurzfilme, wie auch die neueren installativen Arbeiten, inszenieren die Wirkungsmacht von Sprache in der Vermittlung zwischen Orten und Akteuren, Selbst und Anderem, Ansprache und Anspruch. Ihre jüngste Videoinstallation *Chinesisch von Vorteil* (2008) führt uns in einen abgedunkelten, begehbaren Raum, in dem sich zwei Versionen des Formulierens, Ausprobierens und Reflektierens von Subjektivität im Medium einer fremden Sprache gegenüber stehen. Wir geraten im wahrsten Sinne des Wortes zwischen die Fronten zweier 18-minütiger Projektionen, die jeweils abwechselnd zu sehen sind. Zwei von Punktstrahlern erleuchtete Fotos nahe dem Eingang in die Installation führen die Akteure der Videos ein: die lächelnden Teilnehmer zweier Chinesischkurse, die in ihren Klassenräumen für die Kamera posieren – auf der einen Seite Kinder chinesischer Einwanderer, die an einer Stuttgarter Sprachenschule ihre Chinesischkenntnisse verbessern, auf der anderen deutsche Erwachsene, die dort in ihrer Freizeit Chinesisch als Fremdsprache lernen. Dieses Arrangement, das – von den angespannten Posen der Porträtierten bis hin zur banalen Funktionalität ihrer räumlichen Umgebung – zugleich künstlich und unheimlich vertraut erscheint, liefert den szenischen und diskursiven Rahmen der Arbeit.

Diese Rahmung spricht von der Motiviertheit der Protagonisten in einem zweifachen Sinn: von der Zielgerichtetheit ihres Vorhabens und Handelns, wie von der besonderen Bedingtheit ihres Dortseins und Soseins als Personen, die sich der Disziplin eines gemeinsamen Lernprozesses unterwerfen. Sie spricht von der besonderen Mischung aus planvoller Annäherung und riskanter Selbstentäußerung durch ein mehr oder weniger exotisches Fremdes, die im Moment des Fremdwerdens der eigenen Sprecherposition am deutlichsten erfahrbar wird. Diese Ambivalenz zwischen Einverleibung und Differenzierung, dem Wunsch nach Erweiterung des Selbst und seiner Handlungsoptionen bei gleichzeitiger Schärfung seiner Konturen, steht im Fokus der Inszenierung. Sie richtet unseren Blick auf den Raum des Sprechens als Schauplatz einer Bewährung.

Boisseau und Westermeyer inszenieren die beiden Gruppen in ihrer Lernumgebung, dem Klassenzimmer oder Schulgebäude. Anhand von Fragen, die ihnen nach Vorgesprächen von den Künstlern an die Hand gegeben wurden, haben beide Gruppen Statements oder Gespräche in der Fremd- oder zweiten Muttersprache ausgearbeitet, in denen sie ihre Sicht auf China beschreiben und die Motive für ihre Beschäftigung mit dem Chinesischen offenlegen. Die Ich-Perspektive der jugendlichen Schüler, die zwischen einem kritischen Verhältnis zum Herkunftsland der Eltern und einem wachen Bewusstsein vom Vorteil guter Chinesischkenntnisse auf dem deutschen Arbeitsmarkt schwanken, wird erweitert durch ihre Stellungnahmen zu einem historischen Referenztext, der ihnen als eine Art imaginärer Gesprächspartner gegenübersteht: Lu Xuns Vorrede zu seinem Erzählband *Applaus* (1923), in der er seine Überlegungen zur notwendigen Modernisierung Chinas darlegt[2]. Einst zum Studium aus dem rückständigen China nach Japan ausgewandert, wird für Lu Xun gerade diese ambivalente Verortung zwischen zwei Kulturen zur Motivation, das Wort zu ergreifen für die kulturelle und sprachliche Erneuerung Chinas. Wie ein unbewusster Kommentar schieben sich die Nacherzählungen die-

In the Language Laboratory *by Katrin Mundt*

Sylvie Boisseau and Frank Westermeyer's video works trace the performative power of language[1]. Their early short films, as well as their more recent installation works, explore and stage the power of language[1] to mediate between locations and participants, the self and others, speaking and demanding. Their newest video installation *Chinese is a Plus* (2008) leads us into a darkened, walk-in space in which two versions of formulating, exploring and reflecting subjectivity in the medium of a foreign language are juxtaposed. We stumble, in the truest sense of the word, between the fronts of two 18-minute projections, each of which is alternatingly visible. Illuminated by spotlights near the entrance to the installation, two photos introduce the main characters: the smiling participants of two Chinese courses posing for the camera in their classrooms. One group is comprised of the children of Chinese immigrants who want to improve their Chinese in a Stuttgart language school; the other is made up of German adults who are learning Chinese as a foreign language in their spare time in the same place. This arrangement – which simultaneously appears artificial and strangely familiar, from the tense poses of those portrayed to their spatial environment's banal functionality – delivers the work's scenic and discursive framework.

The framework alludes to the protagonists' motivation in a twofold sense: both the determination of their intentions and actions, as well as the special conditionality of their "being there" and "being so" as people who submit to the discipline of a common learning process. It also alludes to the special mixture of a planned approach and risky self-exposure to a more or less exotic foreignness, which can best be experienced in the moment one's own position has, as a speaker, "gone foreign." The work's focus is the ambivalence between incorporation and differentiation: the desire to expand the self while sharpening the self's contours. It directs our view to the space occupied by speech as an arena for proving oneself.

Boisseau and Westermeyer stage the two groups in an educational environment, the classroom or school building. With questions supplied to the participants after prior interviews with the artists, both groups have composed statements or conversations in the foreign or second mother tongue in which they describe their view of China and their motives in learning the Chinese language. The young pupils' first-person perspective, which vacillates between a critical relationship to their parents' country of origin and an acute consciousness of the advantage of speaking Chinese in the German market, is expanded through their comments on a historical reference text, which accompanies the dialogue as a kind of imaginary conversational partner: Lu Xun's preface to his collection of essays *Applause* (1923), in which he presents his ideas on China's necessary modernization[2]. Having emigrated to Japan from a backward China to study, this ambivalent dislocation between two cultures becomes, for Lu Xun, a motivation to speak to China's cultural and linguistic renewal. Like an unconscious commentary, the re-narration of these passages from Lu Xun's text situated between the pupils' first-person narrations illuminates their own speaking as different from the perspective of the "other". The indirect form of speaking, in which foreign expressions are dressed in their own words, introduces a moment of polyphony into their speech.

ser Passagen aus Lu Xuns Text zwischen die Ich-Erzählungen der Schüler, beleuchten ihr eigenes Sprechen aus der Perspektive eines Anderen. Die indirekte Rede, in der sie fremde Äußerungen in eigene Worte kleiden, führt so ein Moment der Vielstimmigkeit in ihr Sprechen ein.

Lu Xuns Position findet ein weiteres Echo im Statement der Lehrerin, in dem sie für eine größere Identifikation ihrer Schüler mit der eigenen chinesischen Herkunft plädiert, die allein sie in die Position versetze, zwischen den Kulturen zu vermitteln. Auch wenn sie mit ihrem emphatischen Appell, sich wie Lu Xun *aus der Distanz als Chinesen* zu erkennen, anstatt sich *in ihrer Distanz zu China* zu definieren, im Video das letzte Wort hat, scheint ihr Sprechen ins Leere zu laufen. Die Vorstellung eines kollektiven, konsensuellen Begriffs von Kultur, den sie als gegeben vorauszusetzen scheint, wird durch die kulturelle Praxis selbst unterlaufen: Das gemeinsame Idiom der Muttersprache dient den Schülern bereits weniger als Ankerpunkt einer kollektiven Identität, denn vielmehr als Instrument der Ausdifferenzierung eigener Selbstbilder. Das traditionelle Konzept der Sprachgemeinschaft tritt in den Hintergrund zugunsten kleinerer Spracheinheiten, die situativ und aus einem sich ständig verändernden Kontext heraus von den Sprechern erzeugt werden. So wird ausgerechnet der regulierte und regulierende Interaktionsraum des Klassenzimmers zum Sprachlabor, in dem alternative Selbstentwürfe erprobt werden.

In den Gesprächen der Erwachsenen wird die Erweiterung des Selbst durch (eine fremde) Sprache als explizites Ziel ihrer Unternehmung angesprochen und ausagiert. Dass *Chinesisch von Vorteil* sei, steht für sie außer Frage: eine klare Investition in die Zukunft, geleitet von beruflichen Interessen oder privater Faszination am exotischen Ausland und seinen jahrtausendealten Traditionen. Wie ein merkwürdiges Déjà-vu schlägt diese

Haltung eine Brücke zur historischen Chinamode im 18. Jahrhundert, die die Kultur des „Fernen Ostens" nicht nur als das interessante, sondern vor allem als das profitable Fremde entdeckte. Diesen historischen Vorläufer des zeitgenössischen Exotismus, der sich dem Fremden als Investment in intellektuelle und wirtschaftliche Handlungsräume nähert, kommentieren Boisseau und Westermeyer, indem sie – parallel zu ihrer Präsentation von *Chinesisch von Vorteil* in den Räumen der Akademie Solitude – im Festsaal des Schlosses vier historische Porzellanfigurinen im chinesischen Stil präsentieren.

Das domestizierte Bild vom Anderen, das die Chinoiserien repräsentieren, wurde als Gesprächsanlass für die weltgewandte oder neugierige höfische Gesellschaft inszeniert, deren Interesse es gerade dadurch wecken konnte, dass es gewohnte Wahrnehmungsformen zugleich bediente und herausforderte. Damit markieren die Chinoiserien einen Ort des Übergangs auf dem Weg der sprachlichen Annäherung an das Fremde – einer Annäherung, die sich notwendig über den Umweg des Zitierens, des „Ausborgens" fremder Begriffe zur temporären Nutzung vollzieht. Wir üben Fremdes in vorformulierten Phrasen ein, repetieren und reproduzieren es, bis es uns flüssig über die Lippen kommt. Wir hören uns dabei selbst sprechen. Wir agieren in einer Form der indirekten Rede, die Fremdes und Eigenes in sich birgt und gleichzeitig zur Sprache bringt. Das Sprechen der Lerner ist nicht deshalb „unauthentisch", weil sie vorformulierte Texte aufführen, oder weil ihre Statements entkoppelt werden von den ihnen vorausgegangenen Fragen der Künstler, sondern weil sie immer schon im Modus der Übersetzung, also indirekt sprechen. Ihre Ich-Aussagen, wie klar und selbstsicher sie auch formuliert sein mögen, sind Hypothesen und Entwürfe eines möglichen Selbst – dessen nämlich, das sie in der anderen Sprache darstellen wollen.

Lu Xun's position finds further resonance in the statement of the teacher. She asks her students to identify more closely with their own Chinese background, which puts them in the unique position of acting as intermediaries between the cultures. Even when she seems to have the last word with her emphatic plea to recognize oneself, like Lu Xun, from a distance as Chinese person, rather than defining themselves by their distance from China, her words seem to fall on deaf ears. The picture of a collective, consensual concept of culture, which to her appears to be a given, is overrun by the cultural praxis: The mother tongue's common idiom already serves the pupils less as an anchor to their collective identity than as an instrument to differentiate their own images of themselves. The traditional concept of the speaking community fades into the background in favor of smaller linguistic groups, created by the speakers situationally from a constantly changing context. It is the regulated and regulating interactive space of the classroom that thus becomes a language laboratory, in which alternative "self-designs" can be explored.

In the adults' conversations, the expansion of self through (a foreign) language is discussed and acted upon as the explicit goal of their undertaking Chinese. It is not even questioned that *Chinese is a Plus*. It is a clear investment in the future, guided by professional interests or private fascination in the exotic outside world and its millennia-long traditions. Like a strange case of déjà vu, this attitude creates a bridge to the historical, 18th-century "China as fashion," which discovered the culture of the "far east" as not only an interesting but also a profitable foreign factor. By presenting four historical porcelain figurines in Chinese style parallel to their presentation of *Chinese is a Plus* at Akademie Schloss Solitude, Boisseau and Westermeyer comment on these historical forerunners of contemporary exoticism, which approaches the foreign as an investment in intellectual and economic activities.

The domesticated image of the other represented by the chinoiserie figures was staged as a conversation starter for sophisticated or curious courtly society whose interest in these figures could be awakened by simultaneously serving and challenging conventional forms of perception. The figures mark a place of transition on the way to the verbal approach to the foreign – an approach that necessarily takes place via the detour of quotation, the "borrowing" of foreign terms for temporary use. We rehearse the foreign in pre-formulated phrases; repeat and reproduce until words flow fluently over our lips. Doing so, we hear ourselves speak. We act in a form of indirect speech that preserves the foreign and familiar while lending it words. The language students' speech is therefore not "inauthentic" because they perform pre-formulated texts, or because their statements are separated from the prior questions of the artists, but because they are always in translation mode, i.e. they are speaking indirectly. As clearly and confidently as they may be formulated, their first-person statements are hypotheses and mock-ups of a possible self – which is namely the self they would like to represent in the other language.

Even the scenic arrangement of their "performances" leads us into strange transitory spaces, which connect references to the "world out there" with the process of stylization. Several conversational participants interview and moderate each other in corridors with views to a suburban industrial landscape, posing in front of old-fashioned, disused time clocks or in generous 50s stairwells with exotic green plants as decoration, which – not entirely coincidentally – hearken back to associations of the time of economic miracles and the beginnings of mass tourism. The desire to delimit and

Auch das szenische Arrangement ihrer Auftritte führt uns in eigenartige Durchgangsräume, die Referenzen an die „Welt da draußen" mit Verfahren der Stilisierung verbinden. Mehrere Gesprächspartner interviewen und moderieren sich gegenseitig in Korridoren mit Aussicht auf eine suburbane Industrielandschaft, posierend vor stillgelegten Stechuhren oder in großzügen 50er-Jahre-Treppenhäusern mit exotischer Grünpflanzendekoration, die nicht ganz zufällig atmosphärische Assoziationen an die Zeit des Wirtschaftswunders und des beginnenden Massentourismus ins Spiel bringen. Der Wunsch nach Entgrenzung und „Wandern zwischen den Kulturen" bleibt so immer im Hier und Jetzt einer künstlichen Sprachsituation verhaftet, in der sich die Lerner gegenseitig bespiegeln.

In ihren Dialogen wird nicht nur das Fremde zu einem inhaltlich handhabbaren Gegenstand, über den man spricht und untereinander Verständigung erzielt, sondern auch die Sprecher selbst sind bemüht, sich als Subjekte ins rechte Licht zu rücken. In ihren sorgsam vorformulierten Aussagen über Ziele und Motive entwerfen sie sich als Typen – als „Abenteurer", „Kulturtouristin", „aufstrebender Unternehmer" oder „Geschäftsmann mit globalen Expansionsbestrebungen" –, um sich in der Replik der anderen bestätigt zu sehen. Die Preisgabe der eigenen Position an die Ansprüche einer fremden Sprache und Kultur wird strategisch ausgehebelt und kommt doch indirekt ins Spiel: Die Contenance der Sprecher ist brüchig und durchzogen von Unbehagen angesichts der spürbaren Diskrepanz zwischen ihrem sprachlichen Können und Wollen. Im unwillkürlichen Lapsus begegnen sie sich selbst als Fremde. Es scheint, als fielen sie aus der Rolle, als verfielen sie plötzlich in den Text eines anderen. Die subversive Komik ihrer Darstellung rührt aus diesem Missverhältnis zwischen Selbstentwurf und Performance[3]. Ihr Sprechen offenbart so die Angewiesenheit auf ein Gegenüber, das mit Gesten bekräftigt, Lücken im Sprachfluss schließt, Impulse gibt fürs Weitersprechen und das die Glaubwürdigkeit des eigenen Selbstbilds absegnet[4]. Damit wird die verunsichernde Erfahrung des Fremden, das unsere Erfahrungen und Erwartungen durchkreuzt, verschoben auf die Auslieferung an die sichtbaren und unsichtbaren Zeugen ihrer Performance.

Einer dieser Zeugen ist F[5], der in beiden Teilen der Arbeit als eine Art teilnehmender Beobachter in Erscheinung tritt. Anders als in ethnografischen Feldstudien steht allerdings im szenischen Arrangement von *Chinesisch von Vorteil* auch der Beobachter unter Beobachtung. Auch wenn er als einziger Akteur stumm bleibt, hat er Anteil am dialogischen Aufbau der Inszenierung. Er vermittelt zwischen Innen und Außen, zwischen der Welt der Sprecher im Video und der Welt der stummen Betrachter außerhalb. Er besetzt, ähnlich wie in früheren Arbeiten des Künstlerduos, eine Position zwischen handelnder Figur und neutraler Projektionsfläche, die mit den sich wandelnden Kulissen und Gesprächspartnern Profil und Züge ändert. Mehr noch: F wird als Figur überhaupt erst hervorgebracht durch die Interpretationsleistung der Betrachter, die ihn durch sein räumliches, atmosphärisches und sprachliches Handlungsumfeld hindurch lesen. Im Lernumfeld der jungen Deutschchinesen erscheint er als sprachloser Fremdkörper, der stellvertretend für die Betrachter – zumindest diejenigen, die des Chinesischen nicht mächtig sind – seiner eigenen sprachlichen Impotenz begegnet. In Gesellschaft der erwachsenen deutschen Lerner, die ihn in ihre Unterhaltung einbeziehen, indem sie ihn beim (chinesischen) Namen nennen, erscheint er auf dem Wege der sprachlichen Selbstermächtigung unter Gleichgesinnten. Das Prädikat „fremd" bleibt durch die Vermittlung seiner Figur in Bewegung, heftet sich an wechselnde Subjekte und wird so nach und nach seiner Substanz entledigt.

"wander between the cultures" always stays trapped in the here and now of an artificial linguistic situation in which the students mirror each other.

In their dialogues, not only does the foreign become a contextually manageable object to talk about and attempt to understand, but the speakers also make an effort to put themselves in a certain light as subjects. In their carefully pre-formulated statements about their goals and motives, they design themselves as types – as "adventurer", "cultural tourist," "ambitious entrepreneur" or "businessman with the global efforts at expansion" – to see themselves validated in the others' responses. Divulging one's own position in the demands of a foreign language and culture is strategically downplayed, yet comes indirectly into play: the speakers' composure is fragile and permeated by discomfort in light of the palpable discrepancy between linguistic ability and ambition. In arbitrary lapses, they encounter themselves as foreign. It seems as if they fall out of the role or as if they've fallen into another's text. The subversive comedy of their representation is based on this disparity between self-representation and performance[3]. Thus their speaking reveals a dependence on a counterpart who strengthens their points with gestures, closes gaps in the linguistic flow, provides prompts for speaking further, and approves the believability of their own self-image[4]. The unsettling experience of the foreign, which frustrates our experiences and expectations, is therefore displaced by surrendering to the visible and invisible witnesses of their performance.

One of these witnesses is F[5], who appears in both parts of the work as a kind of participating observer. Unlike ethnographic field studies, in the scenic arrangement of *Chinese is a Plus*, even the observer is under observation. Even if he is the only protagonist who remains speechless,

he plays a role in the dialogical staging. He is the link between interior and exterior, between the world of the speakers in the video and the world of the mute observers on the outside. Like in the artist duo's earlier works, F possesses a position between active figure and neutral projection surface, with which the changing backdrops and conversational partners change their features and profile. Furthermore, it is the viewers' interpretation that brings his character into existence in the first place: they read him through his spatial, atmospheric and linguistic field of action. In the young German-Chinese students' learning environment, he appears as a speechless foreign body, who, representing the observers – at least those who don't speak Chinese – encounters his own linguistic impotence. In the company of the adult German students, who include him in the conversation in that they call him by a (Chinese) name, he appears to be amongst similar people on the way to linguistic self-empowerment. Through the mediation of his character, the "foreign" classification stays mutable, appends itself to varying subjects and is stripped, bit by bit, of its substance.

The presumption that the "I" is only a bundle of classifications that are assigned from outside is a thread that runs through Boisseau and Westermeyer's early videos as well. F appears in them as *moi*, the "indirect I" par excellence, who takes form only via the demands others place on him. While this difference from the self in *Chinese is a Plus* is experienced in the confrontation with a foreign language and culture, in *Moi vu par...* (1999), F experiences them close-up, in the area of the relationships with family and friends.

In a series of short conversations with more or less intimate friends, relatives and colleagues, his changing counterparts confront him with statements regarding his person. They give advice, criticize, deliver sarcastic

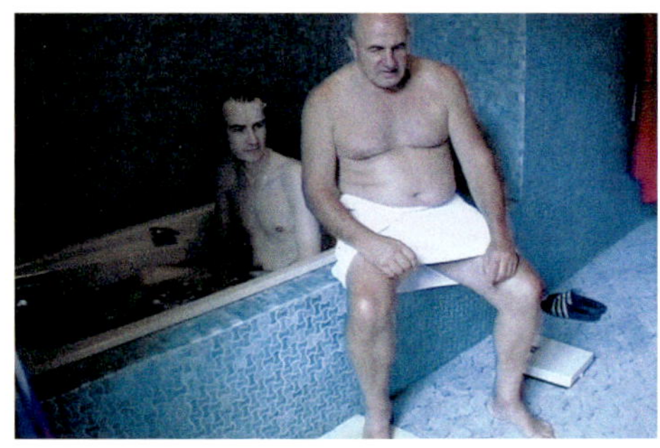

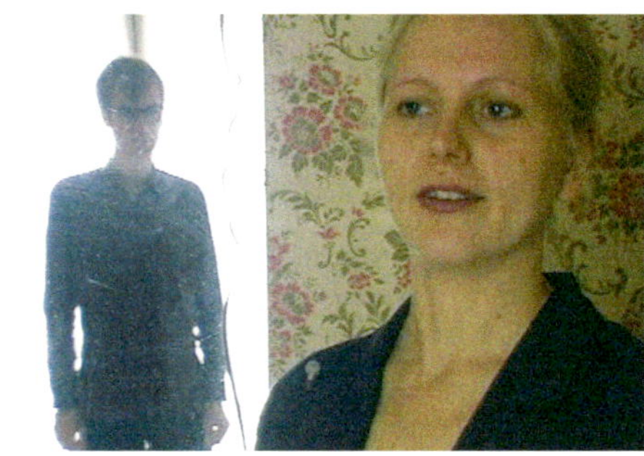

Moi vu par..., 1999, 19 min

Die Annahme, dass das Ich nur ein Bündel von Prädikaten sei, die von außen an uns herangetragen werden, zieht sich wie ein roter Faden bereits durch die früheren Videos von Boisseau und Westermeyer. F erscheint in ihnen als das *moi*, das „indirekte Ich" par excellence, das durch die Ansprache anderer, die Ansprüche, die sie an ihn adressieren, Gestalt annimmt. Während diese Differenz zum Selbst in *Chinesisch von Vorteil* in der Konfrontation mit einer fremden Sprache und Kultur erfahren wird, erlebt F in *Moi vu par...* (1999) sie im Nahbereich familiärer und freundschaftlicher Verhältnisse. In einer Serie kurzer Gespräche mit mehr oder weniger intimen Freunden, Verwandten und Kollegen konfrontieren ihn seine wechselnden Gegenüber mit Statements zu seiner Person. Sie geben Ratschläge, kritisieren, kommentieren sarkastisch oder wohlmeinend, sie loben oder ermutigen, worauf F mit neutraler Miene oder Gesten der Zustimmung reagiert. Als Gegenstand aller dieser Äußerungen ist er zugleich ihr konstanter Bezugspunkt und doch in ständiger Verwandlung. Wir sehen ihn durch das Sprechen der anderen. Zugleich wendet sich deren Sprechen über... gegen die Sprecher selbst, als Spiegelbild ihrer eigenen Projektionen auf ein Gegenüber, das keinen Widerstand leistet. Das Zwiegespräch als Ort des direkten Austauschs wird hier zum Dialog in der indirekten Rede, in der die Ichs beider Gesprächspartner zur Disposition stehen.

In *Meine Familie und ich* (1997) nomadisiert F von Elternhaus zu Elternhaus und findet überall sein Heim. Wie in Camouflage passt er sich Szene für Szene in die immer neuen und doch immer gleichen Interieurs der Wohnungen und die Vertrautheit familiärer Gespräche und Alltagsrituale ein. Er ist der ideale Sohn, das Passepartout, das sich je nach Bedarf mit neuen Inhalten füllt. Oder verhält es sich genau umgekehrt, und es sind die Familien, die austauschbar sind? *Meine Familie und ich* beschreibt ein System symbiotischer Beziehungen, deren gemeinsamer Bezugspunkt nur oberflächlich die Lebensform Familie ist. Tatsächlich geht es um ein komplexes Netz von *Familienähnlichkeiten* jenseits verwandtschaftlicher Bindungen, die erzeugt und getragen werden durch eine *gemeinsame soziale Praxis*. Die abschließende Sequenz des Videos, in der wir F auf dem Weg zu einer seiner Familien (oder einer neuen Wahlfamilie?) zielstrebig auf einen imposanten Hochhauskomplex zugehen sehen, endet mit einem kurzen Dialog – die einzige Szene, in der er das Wort ergreift. Nach einem kurzen Moment des Zögerns wählt er aus dem riesigen Klingelpaneel am Eingang einen Namen aus und schellt an. Auf die Frage einer Stimme, wer da sei, antwortet er knapp mit „Ich bin's" und wird hereingelassen. Diese Codeformel, intim und redundant zugleich, bringt zum ersten Mal das „Ich" ins Spiel. Ein Ich, das sich bezeichnenderweise erst auf Nachfrage meldet, als Antwortreflex.

or well-meaning comments; they praise or encourage, to which F reacts with a neutral face or agreement. As the object of all of these comments, he is both their constant point of reference and yet remains in continuous transformation. We see him through the speech of others. At the same time, the act of speaking turns against the speakers themselves, and becomes a mirror image of their own projections upon a counterpart who offers no resistance. The dialogue as a place of direct exchange becomes a dialogue in indirect speech, in which the "I"s of both conversation partners are subject to negotiation.

In *My Family and I* (1997), F moves like a nomad from one "parental home" to another and finds his home everywhere. As if in camouflage, he adapts himself scene after scene in always-new, yet always-the-same interiors of apartments and to the intimacy of familiar conversations and everyday rituals. He is the ideal son, the passepartout that can take on new content according to desire or need. Or is it the other way around – and it is the families who are exchangeable? *My Family and I* describes a system of symbiotic relationships whose common point of reference is the family structure, but only superficially. Indeed, it refers to a complex network of family similarities beyond the relational connections, which are created and carried through a common social practice. The concluding sequence of the video, in which we see F hurrying to one of his families (or a new chosen family?) in an imposing high-rise complex, ends with a short dialogue – the only scene in which he speaks. After a short moment of hesitation, he chooses a name from the huge buzzer console at the entrance and rings. A voice asks "who's there?", he quickly answers with "it's me," and is buzzed in. Intimate and redundant at the same time, this "entrance code" is the first time the "I" comes into play: An "I" that characteristically registers on enquiry only – as an answer reflex.

The decision in front of the buzzer console is a commentary on the way we navigate the contingencies of possible courses of action beyond our larger ideas of life. Every decision for or against something is a decision towards a goal, whose consequences may yet evade our influence. As *The Free Man* (2001), F finds himself in the moment in which he argues for or against an option. He constantly answers to questions from off camera, which seem to be posing themselves. Through this perpetual process of eliminating what is possible, he creates indirect facts. Taken together, these represent his social being. The Chinese students have decided for themselves to what extent *Chinese is a Plus*. They sharpen their profile, expand their linguistic radius of activity and experiment with a new self. But the price they pay is that the self is dissolved precisely

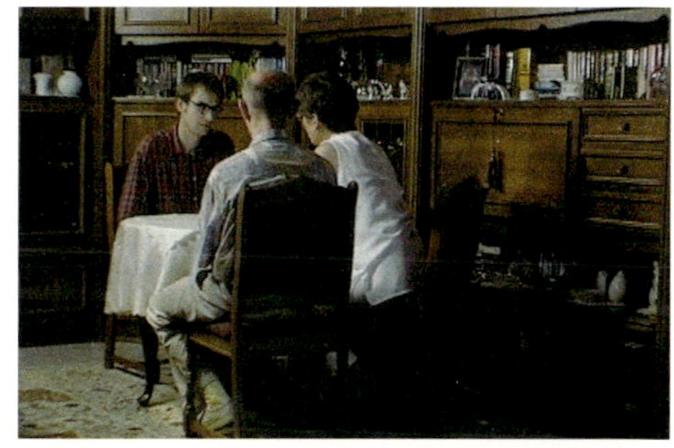

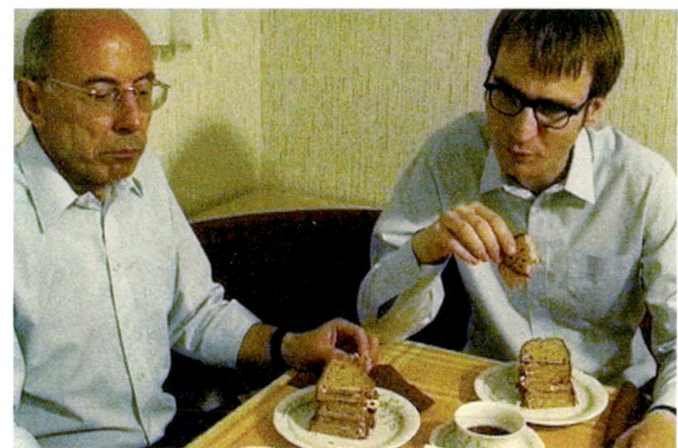

Meine Familie und Ich My Family and I, 1997, 16 min

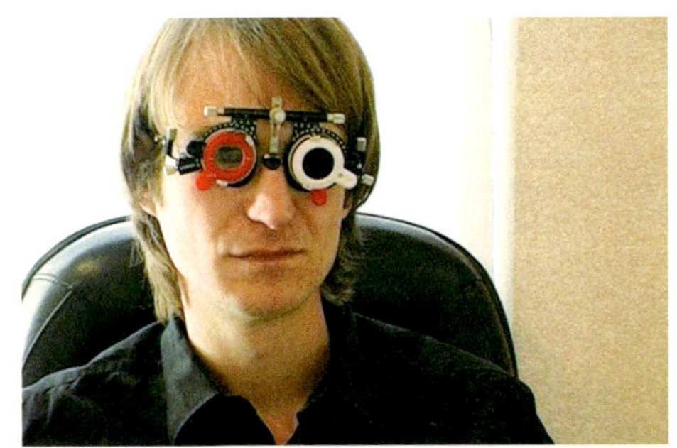

Der Freie Mensch The Free Man, 2001, 4 min

Die Entscheidung vor dem Klingelschild kommentiert die Art und Weise, wie wir uns jenseits großer Lebensentwürfe durch die Kontingenz greifbarer Handlungsoptionen navigieren. Jede Entscheidung für oder wider ist eine Entscheidung auf etwas hin, deren Konsequenzen sich dennoch unserem Einfluss entziehen. Als *Der Freie Mensch* (2001), findet F zu sich in dem Moment, in dem er sich für oder gegen eine Option *ausspricht*. Fortwährend antwortet er auf Fragen aus dem Off, die sich von selbst zu stellen scheinen. Durch diesen andauernden Prozess des Ausschließens von Möglichem schafft er indirekt Fakten, die in ihrer Gesamtheit sein soziales Sein darstellen. Die Chinesischlerner haben jede/r für sich entschieden, inwiefern für sie *Chinesisch von Vorteil* sei. Sie schärfen ihr Profil, erweitern ihren sprachlichen Handlungsradius, experimentieren mit einem neuen Selbst – um den Preis, dass genau dadurch ihr Selbst sich verflüssigt: Auf dem Weg von der *Einübung zur Ausübung*, von der Einverleibung zur Teilhabe an einer fremden sozialen Praxis, werden die Konturen des Eigenen fraglich.

[1] Der Begriff „Sprache" ist hier ausdrücklich in seiner erweiterten Bedeutung zu verstehen, als System verbal und gestisch vemittelter Zeichenprozesse.

[2] Vgl. Lu Xun, *Applaus. Erzählungen.* Übersetzt von Wolfgang Kubin. Zürich 1994, S. 7-15. Lu Xun (1881-1936) zählt zu den zentralen Figuren der gesellschaftlichen und literarischen Reformbewegung im China des frühen 20. Jahrhunderts.

[3] Der Begriff „Performance" soll hier im doppelten Sinn des englischen Worts verstanden werden, als „Aufführung" und „Leistung" bzw. „Bewährung".

[4] In diesem Zusammenhang sei auf eine frühere Arbeit der Künstler verwiesen, die die Rolle des Zuhörers im Dialog in den Mittelpunkt stellt: *Join a World of 150 Million French Speakers* (2005). Die Künstler beobachten Mitglieder der frankophonen Sprachgemeinschaft von Chicago bei ihren allwöchentlichen Treffen, wobei sich die Kamera ausschließlich auf die Physiognomie und Gestik der jeweils Zuhörenden richtet. Der Prozess der Verständigung zwischen Personen, deren einzige Gemeinsamkeit die Muttersprache ist, wird im Akt des hörenden Nachvollziehens der Rede des anderen dingfest gemacht.

[5] Mit F ist die von Frank Westermeyer dargestellte Figur bezeichnet, die immer wieder als zentraler Akteur in den Videos von Boisseau und Westermeyer in Erscheinung tritt, etwa in *Meine Familie und Ich* (1997), *Moi vu par...* (1999), *Filiation* (2002), *Der freie Mensch* (2001) und *Der Optionist* (2004).

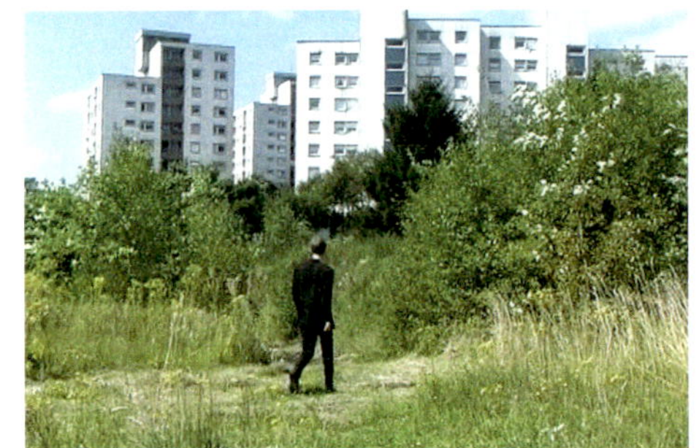

 Meine Familie und Ich My Family and I, 1997, 16 min

because of this. On the way from exercise to practice, from the incorporation to the participation in a foreign social practice, the contours of what is one's own become questionable.

Translation: Kimberly Bradley

[1] Here, the term "language" is to be expressly understood in its expanded meaning, i.e. as a system of sign/symbolic processes communicated in words and gesture.

[2] Lu Xun, *Applaus. Erzählungen*. Translated in German by Wolfgang Kubin.

[3] The term "performance" should be understood here in the sense of the English word; as both "show" and "achievement" or "proving oneself."

[4] In this context, *Join a World of 150 Million French Speakers* (2005), an earlier work by the artists that also focuses on the listener's role in dialogue, should be mentioned. Here, the artists observe members of Chicago's Francophone community in their weekly meetings, but the camera shows only the listeners' physical features and gestures. The process of communicating between people whose only commonality is their mother tongue becomes manifest in the act of auditory comprehension of others' speaking.

[5] "F" designates a character played by Frank Westermeyer, who shows up again and again in the videos of Boisseau und Westermeyer, like in *My Family and I* (1997), *Moi vu par...* (1999), *Filiation* (2002), *The Free Person* (2001) and *The Optionist* (2004).

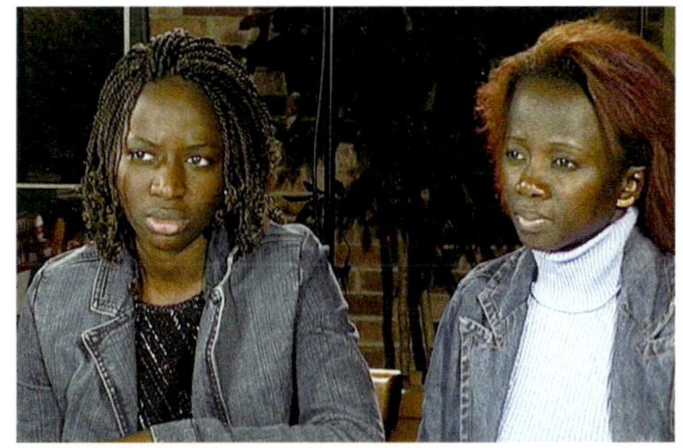

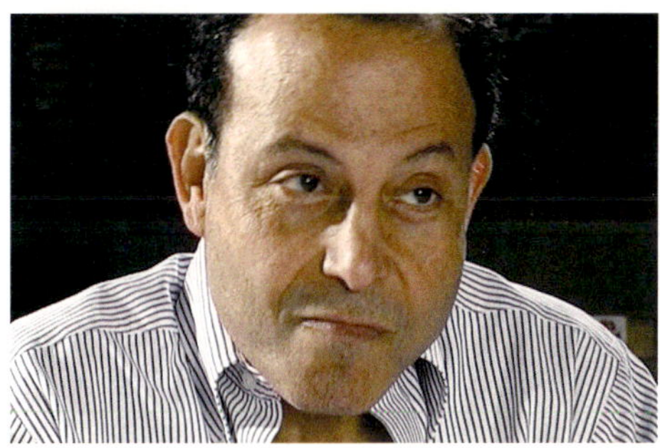

Join a world of 150 million french speakers — a video with the group du mercredi, 2005, 7 min

Seite 24: In diesem Gebäude befindet sich das Institut für Chinesische Sprache und Kultur Stuttgart.
Page 24: The Building where the Institute for Chinese Language and Culture Stuttgart is situated.

Seite 25: Blick aus dem Fenster des Seminarraums des Instituts.
Page 25: View from the window of the institute's seminar room.

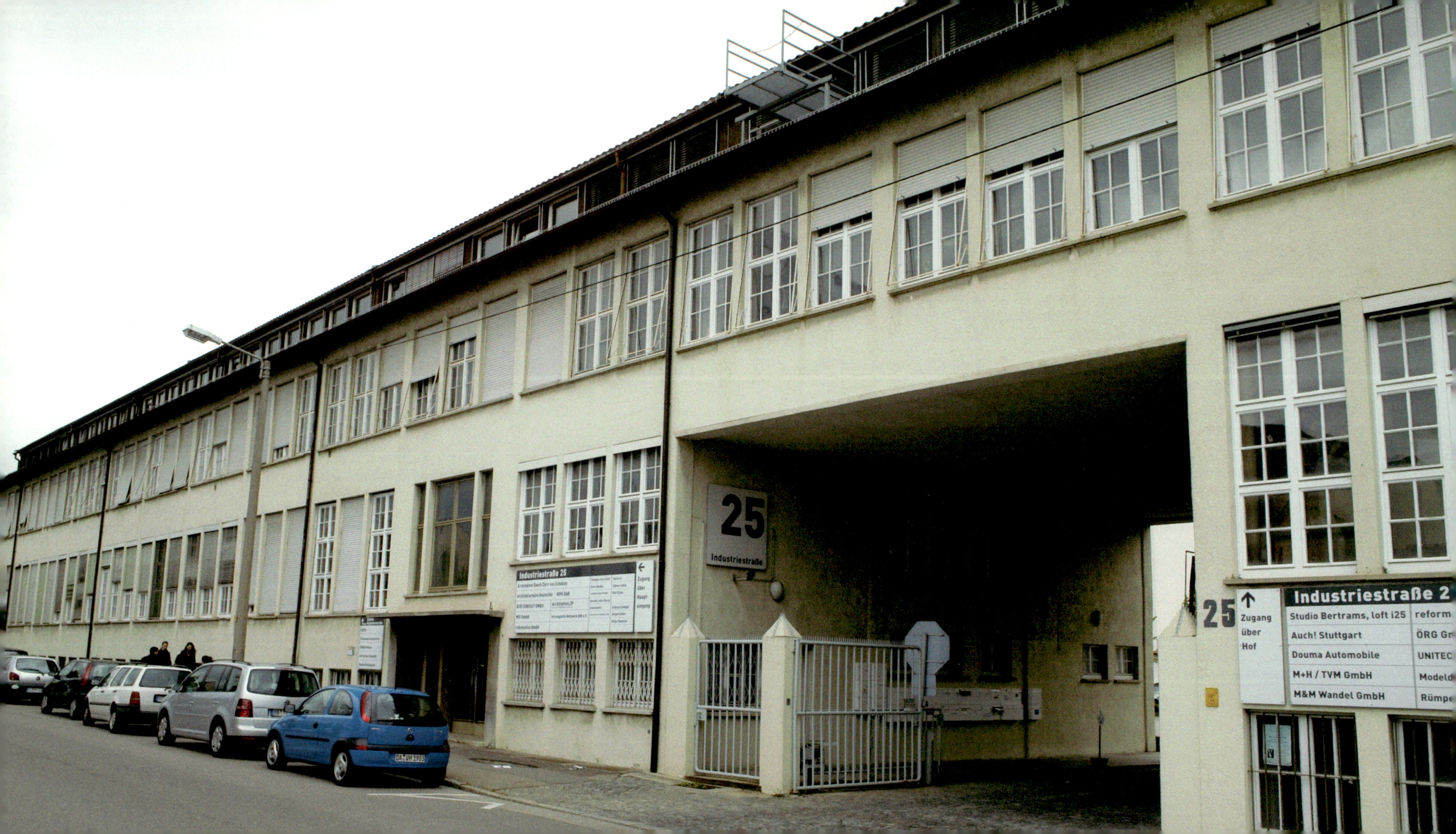
25
Industriestraße
Industriestraße 25
Zugang
über
Hof
25
Industriestraße 2
Studio Bertrams, loft i25
Auch! Stuttgart
Douma Automobile
M+H / TVM GmbH
M&M Wandel GmbH
reform
ÖRG Gr
UNITEC
Model
Rümp

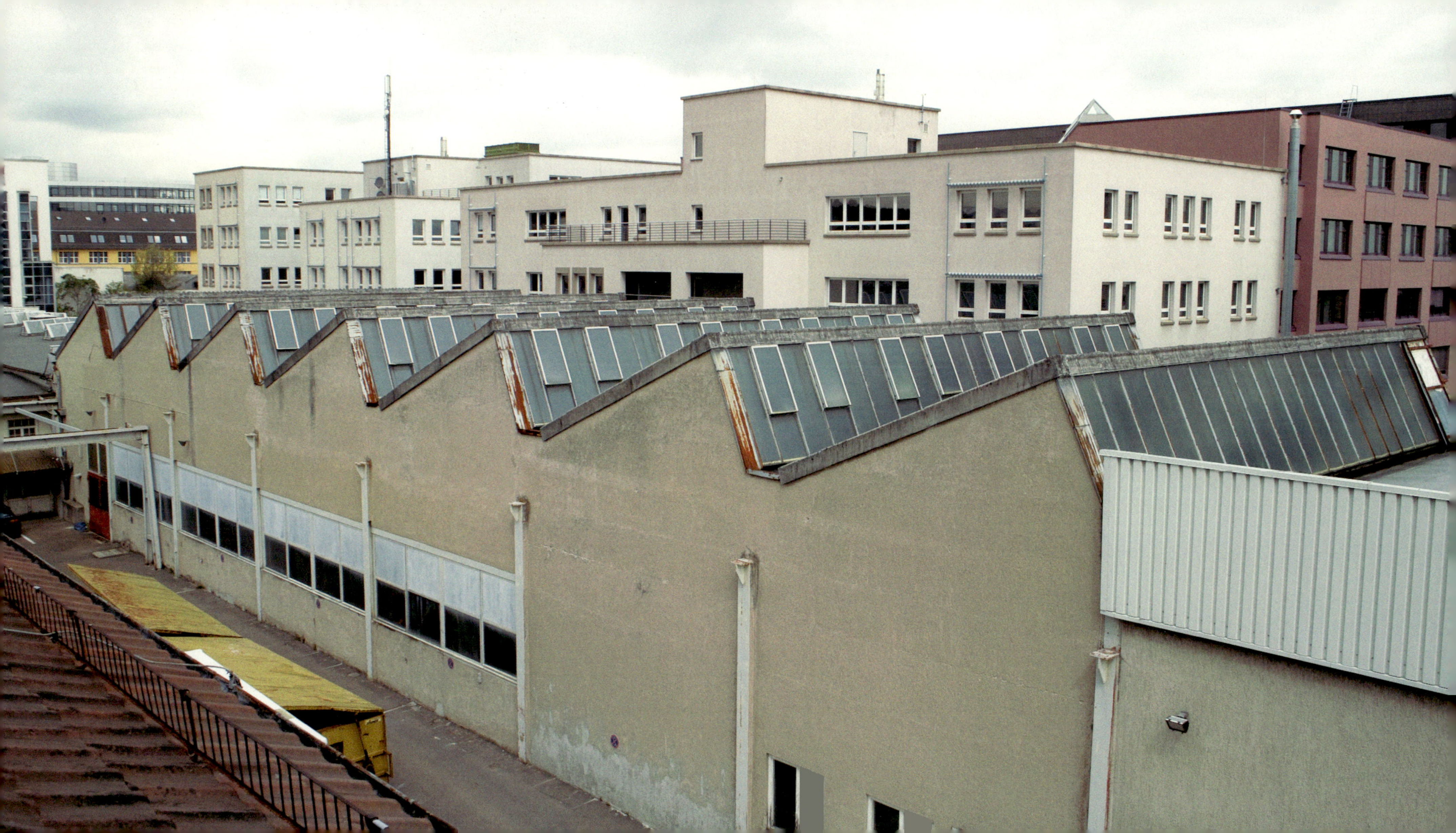

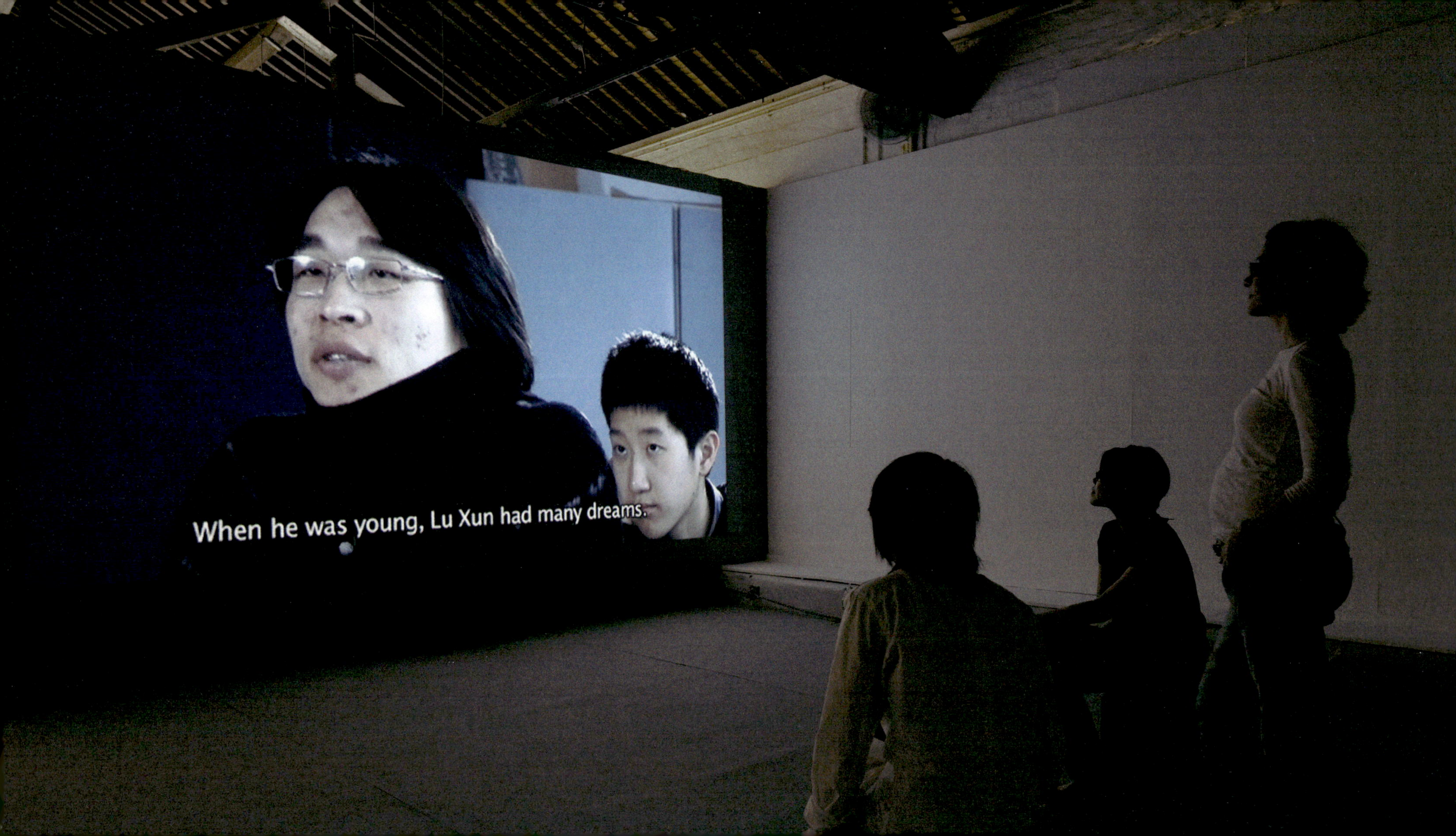
When he was young, Lu Xun had many dreams.

Vorrede zu *Applaus* (Nahan) *von Lu Xun*

Auch ich hatte in meiner Jugend viele Träume, aber später habe ich die meisten davon wieder vergessen, worüber ich jedoch nicht einmal betrübt bin. Was landläufig als Erinnerung gilt, mag zwar durchaus Vergnügen bereiten, macht aber manchmal unweigerlich einsam und beschwört zudem die Einsamkeit vergangener Zeiten herauf.

Wie dem auch sei, ich leide darunter, daß ich einfach nicht vergessen kann. So sind die Erzählungen in dieser Sammlung entstanden.

Ich ging während mehr als vier Jahren sehr häufig - nein, eigentlich jeden Tag - in der Pfandleihe und in der Apotheke ein und aus. Wie alt ich damals war, habe ich vergessen. Jedenfalls war der Ladentisch beim Apotheker genauso hoch wie ich, beim Pfandleiher doppelt so hoch. Ich reichte Kleider und Schmuck zum doppelt so hohen Ladentisch hinauf und erhielt dafür voller Verachtung Geld. Dann begab ich mich zum gleich hohen Ladentisch, um damit Arznei für meinen Vater zu kaufen, der seit langem krank war. War ich nach Hause zurückgekehrt, gab es gleich weitere Aufgaben, denn der behandelnde Arzt war sehr berühmt und verschrieb daher auch besondere Arzneien: im Winter ausgegrabene Schilfwurzel, drei Jahre lang dem Frost ausgesetztes Zuckerrohr, Grillen, die Zwillinge sein mußten, verschlungene japanische Spitzbäume ... alles Dinge, die nicht leicht zu beschaffen waren. Dennoch verschlimmerte sich der Zustand meines Vaters von Tag zu Tag, bis er schließlich verschied.

Wer von klein auf Wohlstand genossen hat, dann aber in Not gerät, der wird, so glaube ich, im Verlauf dieser Erfahrung in die Lage versetzt, das wahre Antlitz des Menschen zu erkennen ... Ich wollte damals in die K-Akademie in N[1] eintreten, offenbar um einen anderen Weg zu gehen, woandershin zu kommen und weil ich mich auf der Suche nach anderen Menschen befand. Meiner Mutter blieb also nichts anderes übrig, als mir acht Yuan für die Reise zu beschaffen und alles weitere Handeln mir zu überlassen. Dennoch waren ihre Tränen durchaus angebracht, denn zu jener Zeit pflegte ein Studium in der Regel mit der Beamtenprüfung zu enden; wer also damals „überseeische Sachen" lernte, war nach allgemeiner Auffassung in eine so ausweglose Lage geraten, daß ihm nichts anderes übrigblieb, als seine Seele den ausländischen Teufeln zu verkaufen. Er wurde mit bitterem Hohn übergossen und zudem ausgestoßen, so daß meine Mutter ihren Sohn ein für allemal verloren wähnte. Doch ohne darauf auch nur einen Gedanken zu verschwenden, reiste ich nach N und bezog die K-Akademie. Dort erfuhr ich, daß es auf der Welt noch Dinge gibt wie Naturkunde, Mathematik, Geographie, Geschichte, Zeichnen und Gymnastik. Physiologie wurde nicht unterrichtet, doch las ich Bücher, im Holzblockverfahren gedruckt, wie „Der Körper, eine neue Sicht" und „Die Ernährungslehre". Mir fielen dabei Diagnose und Therapie von Ärzten aus meiner Kindheit ein, und ich verglich sie mit dem, was ich neu in Erfahrung gebracht hatte. So gelangte ich nach und nach zu der Einsicht, daß die traditionelle chinesische Medizin, sei es wissentlich oder unwissentlich, nichts als Kurpfuscherei ist, und ich empfand heftiges Mitleid mit den betrogenen Kranken und ihren Familienangehörigen. Übersetzungen historischer Werke entnahm ich überdies, daß die Meiji-Reformbewegung in Japan tatsächlich größtenteils auf die westliche Medizin zurückgeht.

Dieses unbedarfte Wissen veranlaßte mich später zum Eintritt in eine medizinische Fachschule in der japanischen Provinz. Ich hatte wunderbare Träume, dachte mir, daß ich nach erfolgreich abgeschlossenen Studien nach China zurückkehren und Kranke, die wie mein Vater falsch behandelt worden waren, von ihren Leiden erlösen würde. Im Krieg wollte ich Militärarzt werden und überhaupt bei meinen Landsleuten den Glauben an Reformen voranbringen. Ich weiß nicht, welchen Fortschritt die Didaktik für Mikrobiologie inzwischen gemacht hat. Jedenfalls wurden damals Lichtbilder verwendet, um die Gestalt der Mikroorganismen zu demonstrieren. Wenn der eigentliche Unterricht vorzeitig beendet war, zeigten die Lehrer gelegentlich Bilder von Landschaften oder aktuellen Ereignissen, um die verbleibende Zeit auszufüllen. Es war gerade während des Japanisch-Russischen Krieges, so daß naturgemäß ziemlich viele Bilder über das Kriegsgeschehen gezeigt wurden und ich mich oft wohl oder übel dem Beifall und Jubel meiner Kommilitonen anschließen mußte.

Einmal erschienen auf den Dias plötzlich viele Chinesen, von denen ich doch so lange getrennt gewesen war. In der Mitte stand einer, dem die Hände auf dem Rücken gefesselt waren, um ihn herum lungerte eine Menge von Menschen. Er war von kräftigem Körperbau, hatte aber einen offenkundig abgestumpften Gesichtsausdruck. Den Erklärungen zufolge hatte der Gefesselte für die Russen Militärspionage betrieben. Zur Abschreckung sollte ihm öffentlich von der japanischen Armee der Kopf abgehackt werden, doch die Umstehenden waren nur gekommen, um mit Kennermiene ein Schauspiel zu würdigen.

Noch vor Ende des Studienjahres war ich nach Tokio abgereist, denn nach diesem Erlebnis hatte ich den Eindruck, die Medizin sei keineswegs so wichtig. Wenn die gesamte Bevölkerung eines schwachen Landes, so gesund und kräftig sie auch sein mochte, zu nichts anderem nütze war, denn als Material und als Zuschauer eines völlig sinnlosen Schauspiels zu dienen, so sind in diesem Fall Krankheit oder Tod nicht unbedingt als großes Unglück anzusehen. Unsere wichtigste Aufgabe sei es also, ihre Ideen zu verändern. Und da ich damals überzeugt war, die Künste taugten dazu am ehesten, beschloß ich, die Bewegung für Literatur und Kunst zu unterstützen. Unter den chinesischen Studenten in Tokio gab es damals viele, die Rechtswissenschaften, Politologie, Physik, Chemie, ja sogar Polizeitechnik studierten, aber kein einziger widmete sich der Literatur und Ästhetik. Dennoch hatte ich das Glück, in dieser frostigen Atmosphäre auf einige Gesinnungsgenossen zu stoßen. Ein paar weitere, die es zu einem solchen Unternehmen braucht, lud ich zu einem Treffen ein. Wir kamen zum Schluß, daß wir als ersten Schritt eine Zeitschrift herausbringen müßten, für die wir einen Namen wählten, der „Neues Leben" bedeutet. Weil wir damals im großen und ganzen restaurativen Tendenzen anhingen, nannten wir sie „Neuleben".

Der Erscheinungstermin von „Neuleben" rückte näher, doch dann verdrückten sich alsbald etliche, die sich zu Beiträgen verpflichtet hatten. Damit verloren wir auch das Kapital, so daß schließlich nur wir drei übrigblieben, alle gänzlich mittellos. Die Zeit war ungünstig, um eine Zeitschrift zu lancieren. Selbstverständlich hängten wir unsere Niederlage nicht an die große Glocke, doch nachträglich war sie für jeden von uns dreien bestimmend auf seinem jeweiligen Lebensweg. Wenn wir nicht mehr zusammen schöne Zukunftsträume spannen, so war das eine Folge der Zeitschrift, die nie das Licht der Welt erblickt hat.

Eine nie gekannte innere Leere sollte sich erst später einstellen. Zunächst wußte ich dafür keine Erklärung, später dachte ich, wenn je-

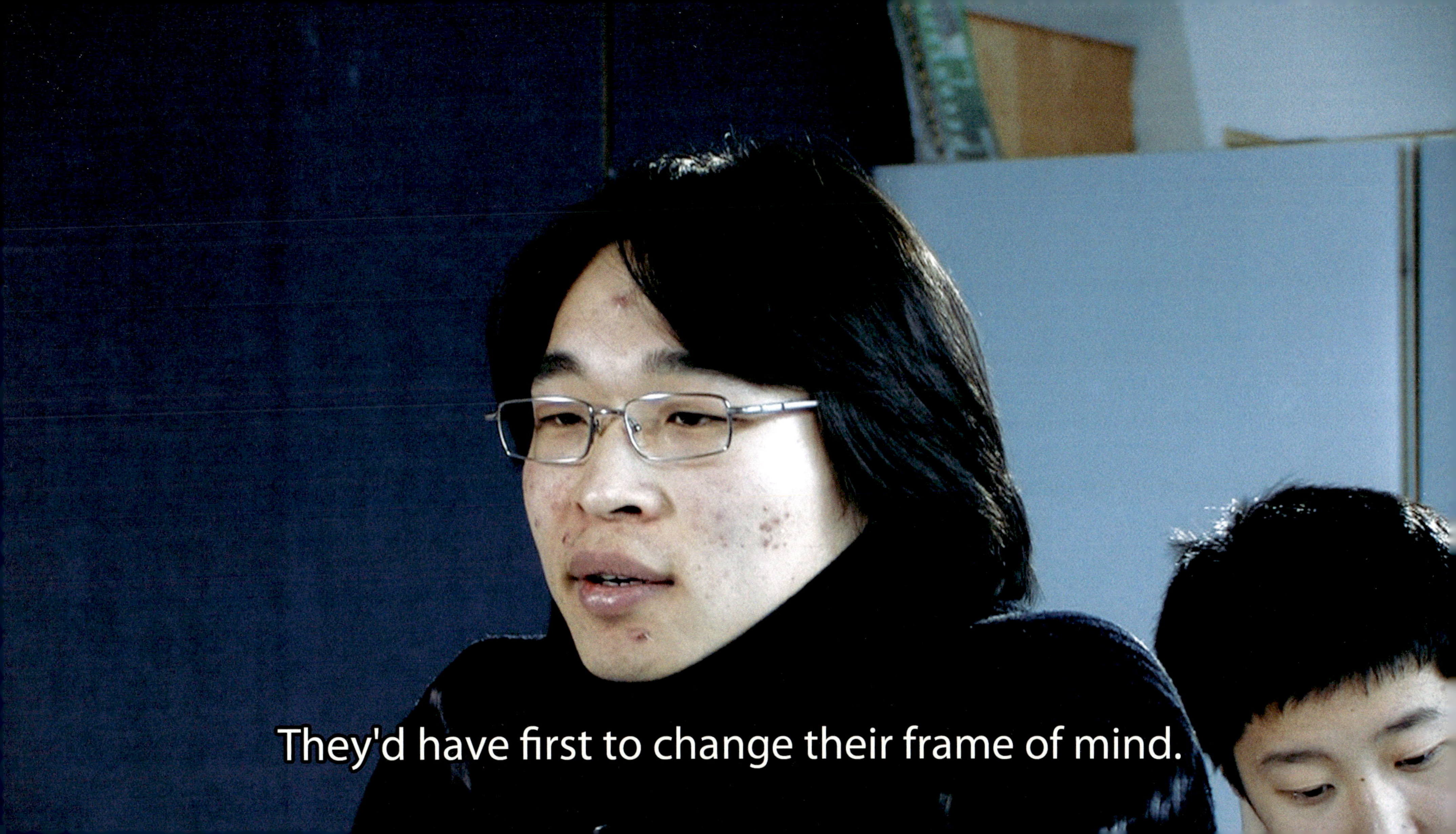
They'd have first to change their frame of mind.

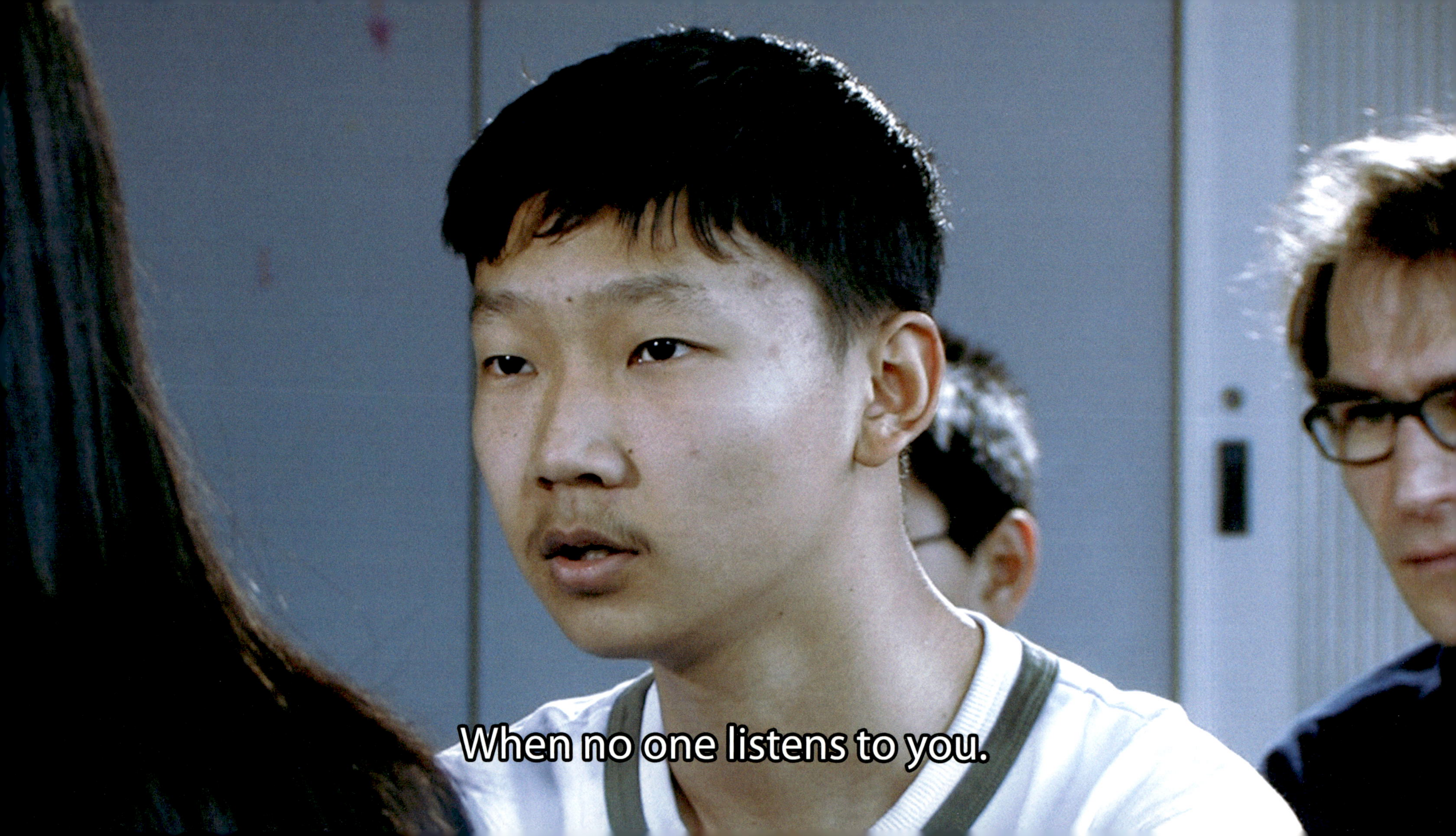
When no one listens to you.

mand für seine Meinung Zustimmung erntet, bringt es ihn voran, stößt er jedoch auf Widerspruch, macht es ihn kämpferisch. Aber wirklich tragisch ist, wenn einer unter seinen Mitmenschen laut die Stimme erhebt, aber keinen Widerhall findet, weder Beifall noch Ablehnung, wie in einer grenzenlosen Ödnis und ohne die Möglichkeit, irgendwie einzugreifen. Daher begann ich, mich einsam zu fühlen.

Diese Einsamkeit wuchs von Tag zu Tag und begann, sich wie eine riesige Giftschlange um meine Seele zu winden.

Trotz einer unerklärlichen Traurigkeit war ich jedoch nicht verbittert, denn nach dieser Erfahrung ging ich in mich und kam zum Schluß, gewiß nicht zu den Helden zu gehören, auf deren Ruf hin die Menschen in Scharen zusammenströmen.

Jedenfalls mußte ich gegen meine Einsamkeit angehen, denn sie quälte mich heftig. Ich setzte also allerlei Mittel ein, um meine Seele zu betäuben, indem ich in der Masse untertauchte und mich dem Altertum zuwandte. Später machte ich noch viel einsamere und tragischere Erfahrungen, sowohl aus nächster Nähe als auch als unbeteiligter Zuschauer – alles schlechte Erinnerungen, die ich nicht wiederbeleben möchte und lieber zusammen mit meinem Gedächtnis dem Vergessen anheimgebe. Die Art und Weise, wie ich mich betäubte, schien jedoch Erfolg zu zeigen: Ich wurde nie mehr von gerechtem Zorn gepackt wie einst in meiner Jugend.

Im Gästehaus S² gab es eine Wohnung mit drei Zimmern; darin – so hieß es – habe früher eine Frau gelebt, die sich an dem japanischen Schnurbaum im Innenhof erhängte. Der Baum war inzwischen so hoch gewachsen, daß man nicht mehr an die Äste reichte, aber die Wohnung war seither unbewohnt geblieben. Mehrere Jahre lang kopierte ich hier,

häuslich eingerichtet, alte Gedenktafeln.

Besucher kamen selten, und bei den Stelen stieß ich weder auf irgendwelche Schwierigkeiten, noch machte ich wichtige Entdeckungen. Vielmehr glitt mein Leben still dahin, und ich wünschte mir im Grunde genommen nichts anderes. In den Sommernächten gab es viele Moskitos. Ich saß dann unter dem Schnurbaum, verschaffte mir mit einem geflochtenen Fächer Kühlung und sah durch das dichte Blattwerk hindurch zu den Zipfelchen des klaren Himmels hinauf; die Raupen, die abends herabhingen, fielen mir einzeln und kühl in den Nacken.

Damals kam gelegentlich mein alter Bekannter Jin Xinyi zum Plaudern vorbei. Er pflegte die große Mappe, die er immer bei sich trug, auf dem schäbigen Tisch abzulegen, sein langes Übergewand auszuziehen und dann mir gegenüber Platz zu nehmen. Aus Angst vor dem Hund wollte sein Herz gar nicht aufhören zu klopfen.

„Wozu soll diese Kopiererei nütze sein?" fragte er eines Abends, während er in meiner Kladde mit den Inschriften blätterte. Mit allem Nachdruck forderte er von mir Rechenschaft.

„Zu rein gar nichts."

„Wozu also kopierst du die Sachen?"

„Einfach so."

„Ich finde, du solltest etwas schreiben ..."

Ich begriff wohl, worauf er hinauswollte. Sie gaben damals gerade die Zeitschrift „Xin qingnian" heraus. Doch hatten sie sich damals noch nicht besonders hervorgetan und fanden keinen großen Zuspruch, aber auch keinen Widerstand. Ich konnte mir vorstellen, daß sie sich sehr ein-

sam fühlten. Dennoch sagte ich: „Stell dir eine eiserne Kammer vor, ganz ohne Öffnungen und praktisch unzerstörbar, darin viele Menschen, die in tiefem Schlaf liegen und alle bald ersticken werden. Sie werden aus dem Tiefschlaf in den Tod übergehen und die Tragödie des Sterbens nicht empfinden. Nun kommst du und erhebst deine Stimme, um einige aus dem Schlaf zu schrecken. Damit verhilfst du diesen wenigen Unglücklichen nur dazu, im Angesicht ihrer ausweglosen Situation auch noch Leid zu empfinden. Findest du etwa, du hättest ihnen damit irgendeinen Dienst erwiesen?"

„Wenn aber einige unter ihnen aufwachen, dann kannst du nicht behaupten, es bestünde keine Hoffnung, die eiserne Kammer zu zerschmettern." In der Tat konnte ich, obwohl fest vom Gegenteil überzeugt, nicht bestreiten, daß es Hoffnung gebe. Denn sie lag in der Zukunft. Und weil die Hoffnung in der Zukunft liegt, konnte ich auch gar nicht mich selbst als Gegenbeweis anführen, um ihn davon zu überzeugen, daß es keine gebe. Schließlich stimmte ich zu, ebenfalls zu schreiben. Das führte zu meiner ersten Erzählung „Das Tagebuch eines Verrückten". Seither ist ein Werk nach dem anderen entstanden, ohne daß ich dabei zunächst an etwas Zusammenhängendes gedacht hätte. Es handelte sich jeweils um Dinge, die ich auf Drängen von Freunden rasch niederschrieb, bis schließlich über zehn Erzählungen zusammengekommen sind.

Ich selbst habe wohl nicht mehr den unbedingten Drang, mich zu äußern, aber manchmal kann ich doch nicht an mich halten und fühle mich verpflichtet, die anderen anzufeuern, vielleicht weil mir das Leiden an meiner damaligen Einsamkeit noch nicht aus dem Gedächtnis geschwunden ist. Ich will bloß den eiligen Streitern in ihrer Einsamkeit gut zusprechen, damit sie unbekümmert weiter voranschreiten. Mag mein

Aufruf nun mutig oder verzagt, abstoßend oder lächerlich sein - darüber zerbreche ich mir nicht den Kopf. Da er jedoch eine Maßnahme zur Anfeuerung ist und daher dem Muster militärischer Befehle gehorchen muß, habe ich mir gelegentlich erlaubt, bewußt und mit literarischen Mitteln von den Tatsachen abzuweichen: Das Grab des Jungen in der Erzählung „Das Heilmittel" ist wie aus dem Nichts plötzlich mit einem Kranz von Blumen bedeckt; in der Kurzgeschichte „Der morgige Tag" erwähne ich mit keinem Wort, ob Schwägerin Shan nun von ihrem Sohn nur träumt oder nicht, denn damals war der Oberbefehlshaber gegen negative Schilderungen. Und ich möchte keinesfalls die Jugend, die jetzt ihren schönen Träumen nachhängt, die auch ich einst in meiner Jugendzeit geträumt habe, mit der so bitter empfundenen Einsamkeit anstecken.

Also sind meine Erzählungen alles andere als Kunst, wovon sich jeder ohne weiteres überzeugen kann. Doch bis zum heutigen Tag gelten sie als anerkannt, nun sollen sie gar zusammen in einem Band erscheinen. Wie dem auch sei: Es ist ein ganz unaussprechlicher Glücksfall. Denn obwohl mir dabei nicht ganz behaglich zumute ist, ist immerhin anzunehmen, daß ich wenigstens zeitweilig Leser habe, was eigentlich doch wiederum erfreulich ist. So habe ich meine Erzählungen zu einem Buch zusammengestellt, damit sie neu gesetzt werden können. Aus den oben geschilderten Gründen versehe ich sie mit dem Titel „Applaus".

Am 3. Dezember 1922 in Peking niedergeschrieben.

[1] Die Kiangnan Marineakademie in Nanking.
[2] Shaohsing

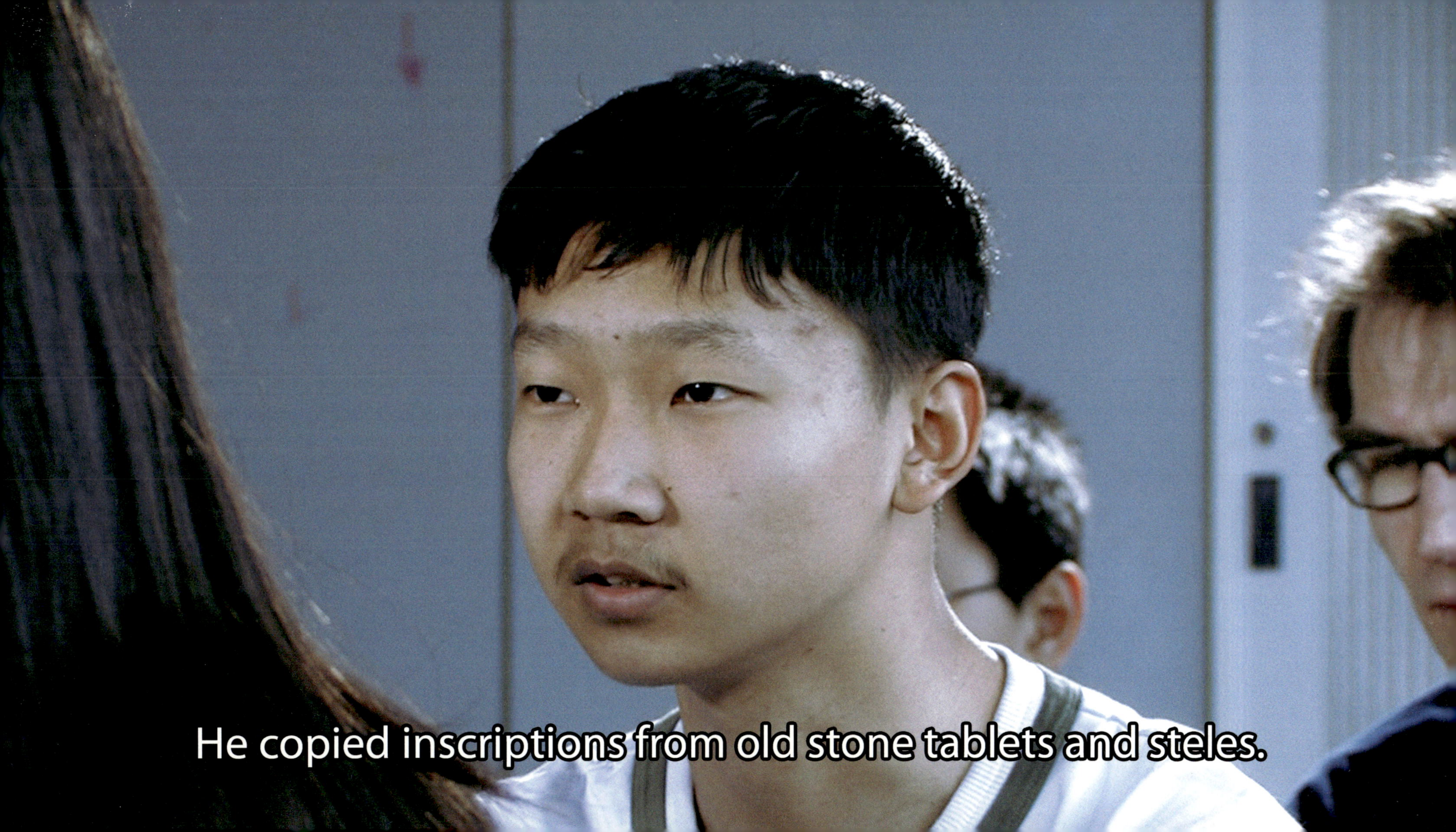
He copied inscriptions from old stone tablets and steles.

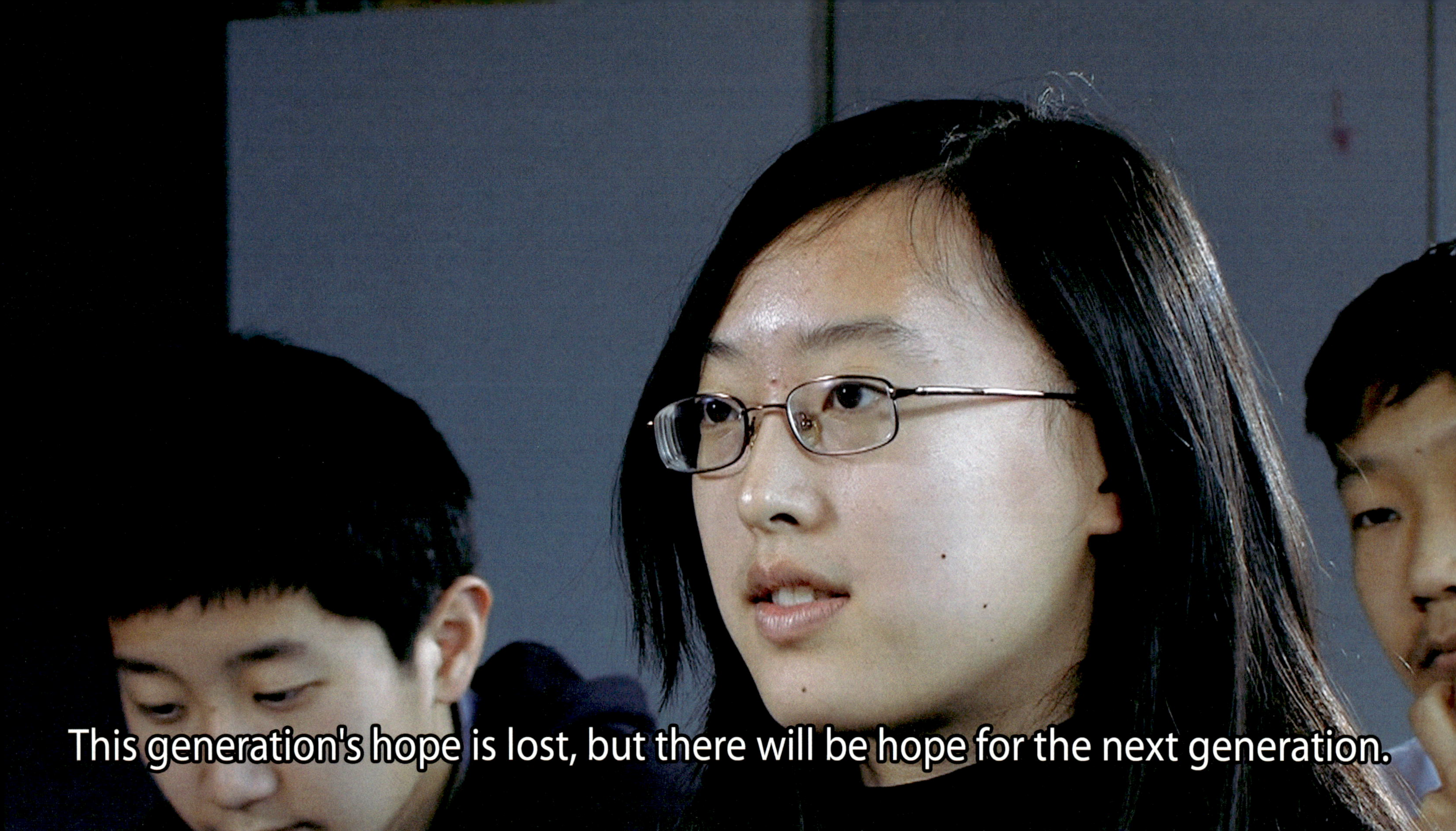
This generation's hope is lost, but there will be hope for the next generation.

Preface to *Call to Arms* *by Lu Xun*

When I was young I, too, had many dreams. Most of them came to be forgotten, but I see nothing in this to regret. For although recalling the past may make you happy, it may sometimes also make you lonely, and there is no point in clinging in spirit to lonely bygone days. However, my trouble is that I cannot forget completely, and these stories have resulted from what I have been unable to erase from my memory.

For more than four years I used to go, almost daily, to a pawnbroker's and to a medicine shop. I cannot remember how old I was then; but the counter in the medicine shop was the same height as I, and that in the pawnbroker's twice my height. I used to hand clothes and trinkets up to the counter twice my height, take the money proffered with contempt, then go to the counter the same height as I to buy medicine for my father who had long been ill. On my return home I had other things to keep me busy, for since the physician who made out the prescriptions was very well-known, he used unusual drugs: aloe root dug up in winter, sugar-cane that had been three years exposed to frost, twin crickets, and ardisia . . . all of which were difficult to procure. But my father's illness went from bad to worse until he died.

I believe those who sink from prosperity to poverty will probably come, in the process, to understand what the world is really like. I wanted to go to the K school in N[1] perhaps because I was in search of a change of scene and faces. There was nothing for my mother to do but to raise eight dollars for my travelling expenses, and say I might do as I pleased. That she cried was only natural, for at that time the proper thing was to study the classics and take the official examinations. Anyone who studied "foreign subjects" was looked down upon as a fellow good for nothing, who, out of desperation, was forced to sell his soul to foreign devils.

Besides, she was sorry to part with me. But in spite of that, I went to N and entered the K school; and it was there that I heard for the first time the names of such subjects as natural science, arithmetic, geography, history, drawing and physical training. They had no physiology course, but we saw woodblock editions of such works as "A New Course on the Human Body" and "Essays on Chemistry and Hygiene". Recalling the talk and prescriptions of physicians I had known and comparing them with what I now knew, I came to the conclusion those physicians must be either unwitting or deliberate charlatans; and I began to sympathize with the invalids and families who suffered at their hands. From translated histories I also learned that the Japanese Reformation had originated, to a great extent, with the introduction of Western medical science to Japan.

These inklings took me to a provincial medical college in Japan. I dreamed a beautiful dream that on my return to China I would cure patients like my father, who had been wrongly treated, while if war broke out I would serve as an army doctor, at the same time strengthening my countrymen's faith in reformation.

I do not know what advanced methods are now used to reach microbiology, but at that time lantern slides were used to show the microbes; and if the lecture ended early, the instructor might show slides of natural scenery or news to fill up the time. This was during the Russo-Japanese War, so there were many war films, and I had to join in the clapping and cheering in

the lecture hall along with the other students. It was a long time since I had seen any compatriots, but one day I saw a film showing some Chinese, one of whom was bound, while many others stood around him. They were all strong fellows but appeared completely apathetic. According to the commentary, the one with his hands bound was a spy working for the Russians, who was to have his head cut off by the Japanese military as a warning to others, while the Chinese beside him had come to enjoy the spectacle.

Before the term was over I had left for Tokyo, because after this film I felt that medical science was not so important after all. The people of a weak and backward country, however strong and healthy they may be, can only serve to be made examples of, or to witness such futile spectacles; and it doesn't really matter how many of them die of illness. The most important thing, therefore, was to change their spirit, and since at that time I felt that literature was the best means to this end, I determined to promote a literary movement. There were many Chinese students in Tokyo studying law, political science, physics and chemistry, even police work and engineering, but not one studying literature or art. However, even in this uncongenial atmosphere I was fortunate enough to find some kindred spirits. We gathered the few others we needed, and after discussion our first step, of course, was to publish a magazine, the title of which denoted that this was a new birth. As we were then rather classically inclined, we called it "Xin Sheng" (New Life).

When the time for publication drew near, some of our contributors dropped out, and then our funds were withdrawn, until finally there were only three of us left, and we were penniless. Since we had started our magazine at an unlucky hour, there was naturally no one to whom we could complain when we failed; but later even we three were destined to part, and our discussions of a dream future had to cease. So ended this abortive New Life.

Only later did I feel the futility of it all; at that time I did not really understand anything. Later I felt if a man's proposals met with approval, it should encourage him; if they met with opposition, it should make him fight back; but the real tragedy for him was to lift up his voice among the living and meet with no response, neither approval nor opposition, just as if he were left helpless in a boundless desert. So I began to feel lonely.

And this feeling of loneliness grew day by day, coiling about my soul like a huge poisonous snake. Yet in spite of my unaccountable sadness, I felt no indignation; for this experience had made me reflect and see that I was definitely not the heroic type who could rally multitudes at his call.

However, my loneliness had to be dispelled, for it was causing me agony. So I used various means to dull my senses, both by conforming to the spirit of the time and turning to the past. Later I experienced or witnessed even greater loneliness and sadness, which I do not like to recall, preferring that it should perish with me. Still my attempt to deaden my senses was not unsuccessful – I had lost the enthusiasm and fervour of my youth.

In S Hostel[2] there were three rooms where it was said a woman had lived who hanged herself on the locust tree in the courtyard. Although the tree had grown so tall that its branches could no longer be reached, the rooms remained deserted. For some years I stayed here, copying ancient inscriptions. I had few visitors, there were no political problems or issues in those inscriptions, and my only desire was that my life should slip quietly away like this. On summer nights, when there were too many mosquitoes, I would sit under the locust tree, waving my fan and looking at the specks of sky through the thick leaves, while the caterpillars which came out in the evening would fall, icy-cold, on to my neck.

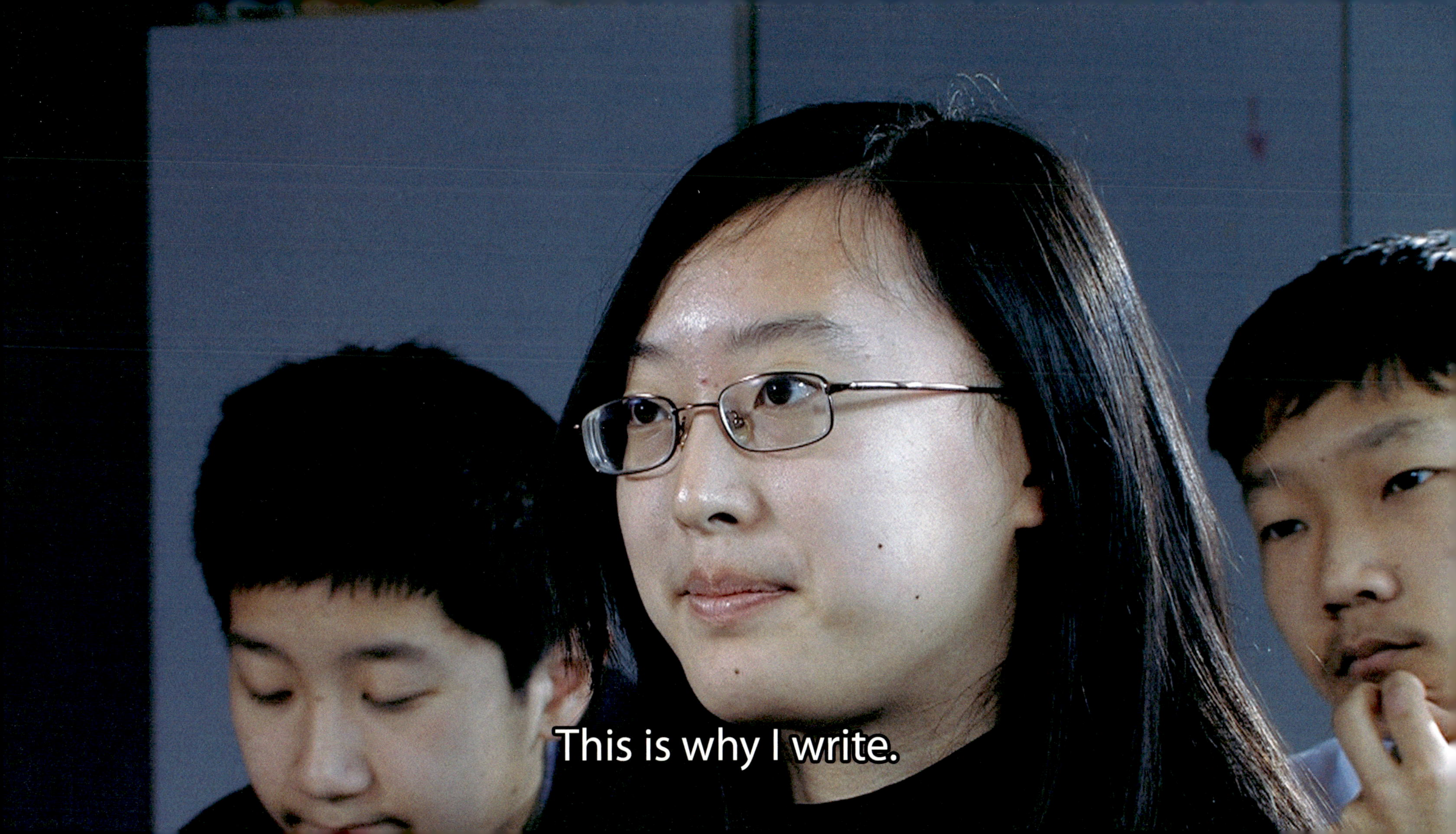
This is why I write.

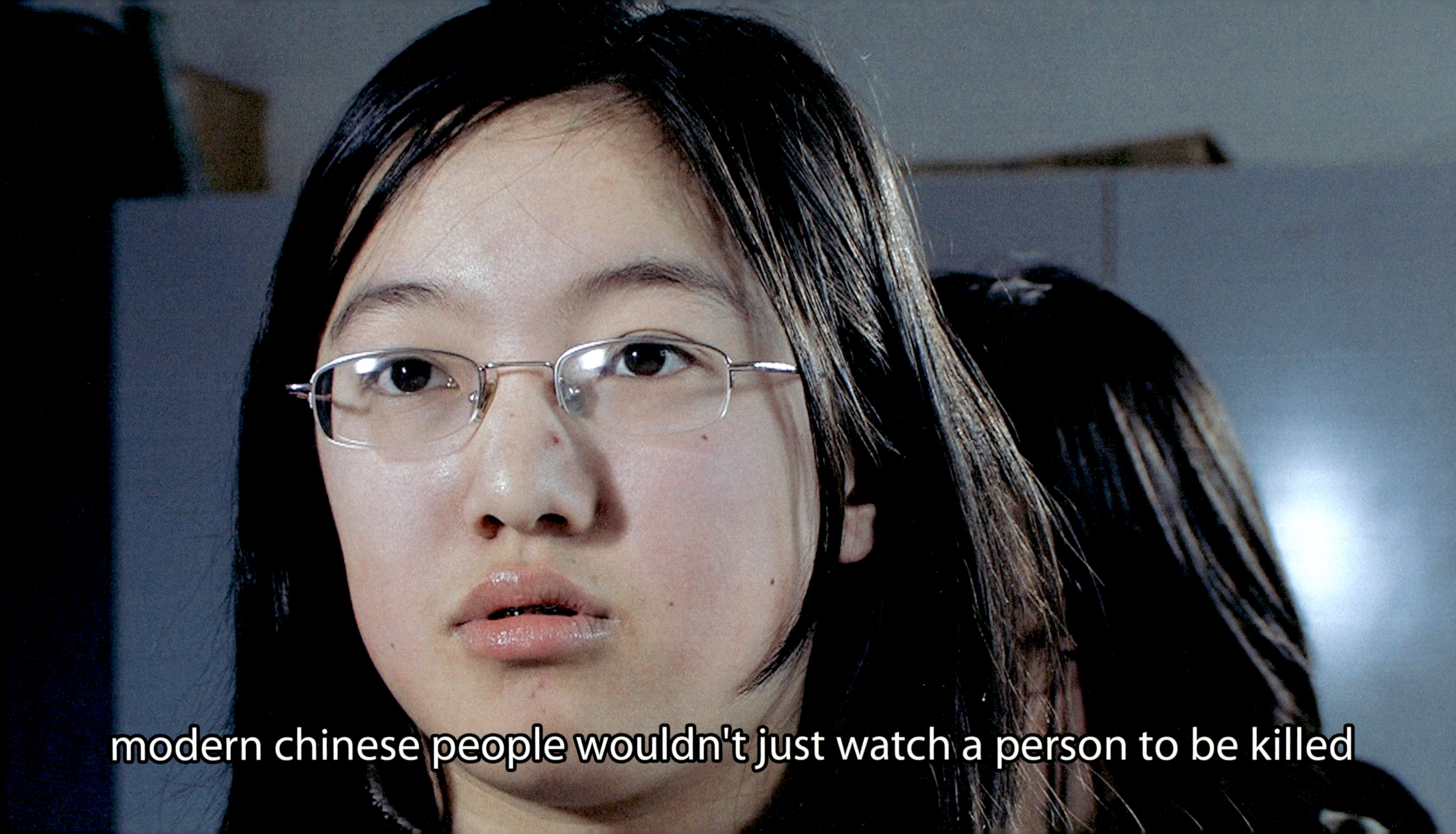
modern chinese people wouldn't just watch a person to be killed

The only visitor to come for an occasional talk was my old friend Chin Hsin-yi. He would put his big portfolio down on the broken table, take off his long gown, and sit facing me, looking as if his heart was still beating fast after braving the dogs.

"What is the use of copying these?" he demanded inquisitively one night, after looking through the inscriptions I had copied.

"No use at all."

"Then why copy them?"

"For no particular reason."

"I think you might write something. . . ."

I understood. They were editing the magazine "New Youth", but hitherto there seemed to have been no reaction, favourable or otherwise, and I guessed they must be feeling lonely. However I said:

"Imagine an iron house without windows, absolutely indestructible, with many people fast asleep inside who will soon die of suffocation. But you know since they will die in their sleep, they will not feel the pain of death. Now if you cry aloud to wake a few of the lighter sleepers, making those unfortunate few suffer the agony of irrevocable death, do you think you are doing them a good turn?"

"But if a few awake, you can't say there is no hope of destroying the iron house."

True, in spite of my own conviction, I could not blot out hope, for hope lies in the future. I could not use my own evidence to refute his assertion that it might exist. So I agreed to write, and the result was my first story, "A Madman's Diary". From that time onwards, I could not stop writing, and would write some sort of short story from time to time at the request of friends, until I had more than a dozen of them.

As for myself, I no longer feel any great urge to express myself; yet, perhaps because I have not entirely forgotten the grief of my past loneliness. I sometimes call out, to encourage those fighters who are galloping on in loneliness, so that they do not lose heart. Whether my cry is brave or sad, repellent or ridiculous, I do not care. However, since it is a call to arms, I must naturally obey my general's orders. This is why I often resort to innuendoes, as when I made a wreath appear from nowhere at the son's grave in "Medicine", while in "Tomorrow" I did not say that Fourth Shan's Wife had no dreams of her little boy. For our chiefs then were against pessimism. And I, for my part, did not want to infect with the loneliness I had found so bitter those young people who were still dreaming pleasant dreams, just as I had done when young.

It is clear, then, that my short stories fall far short of being works of art; hence I count myself fortunate that they are still known as stories, and are even being compiled in one book. Although such good fortune makes me uneasy, I am nevertheless pleased to think they have readers in the world of men, for the time being at least. Since these short stories of mine are being reprinted in one collection, owing to the reasons given above, I have chosen the title "Na Han" (Call to Arms).

December 3, 1922, Peking

[1] The Kiangnan Naval Academy in Nanking.
[2] Shaohsing.

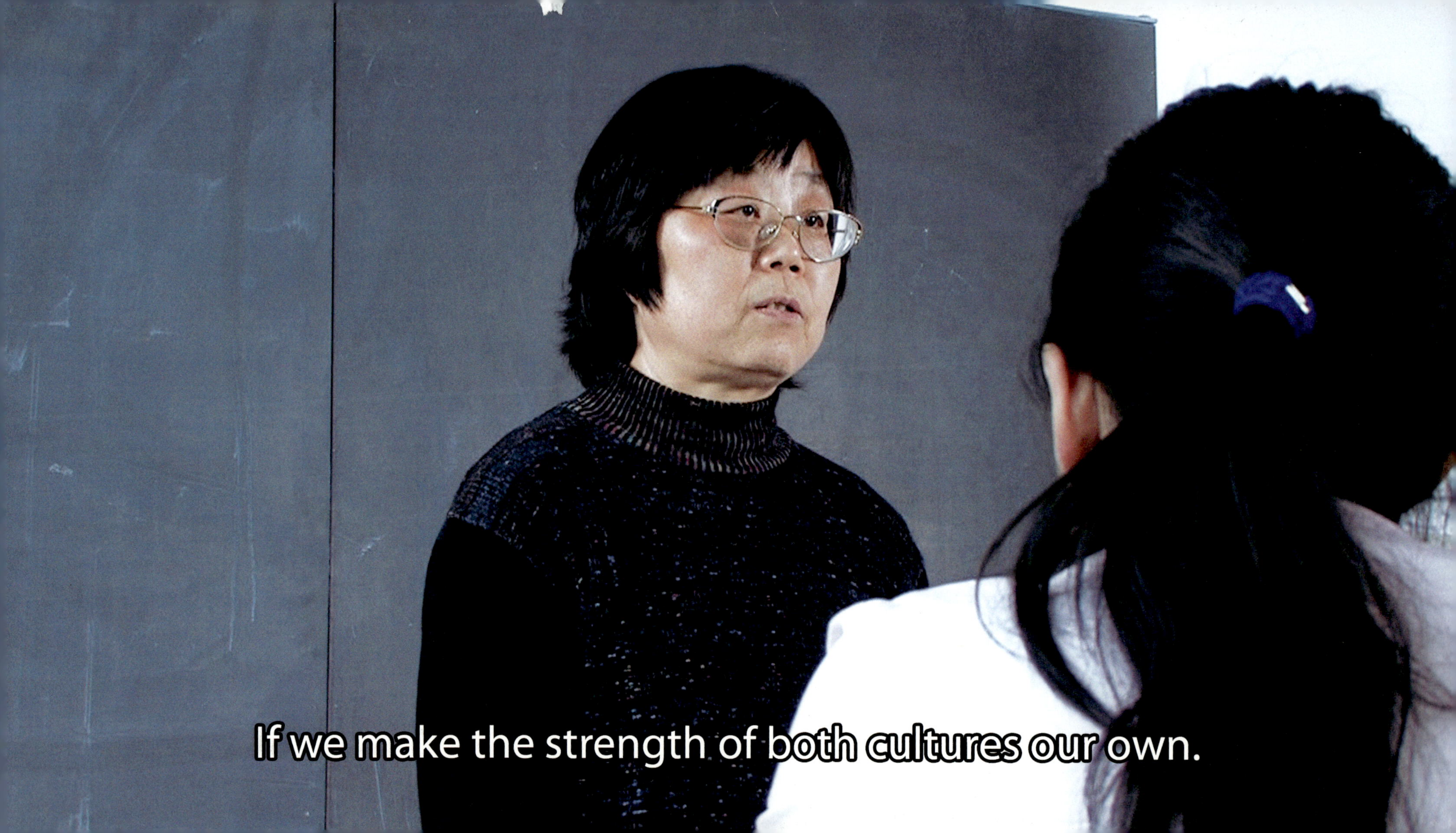
If we make the strength of both cultures our own.

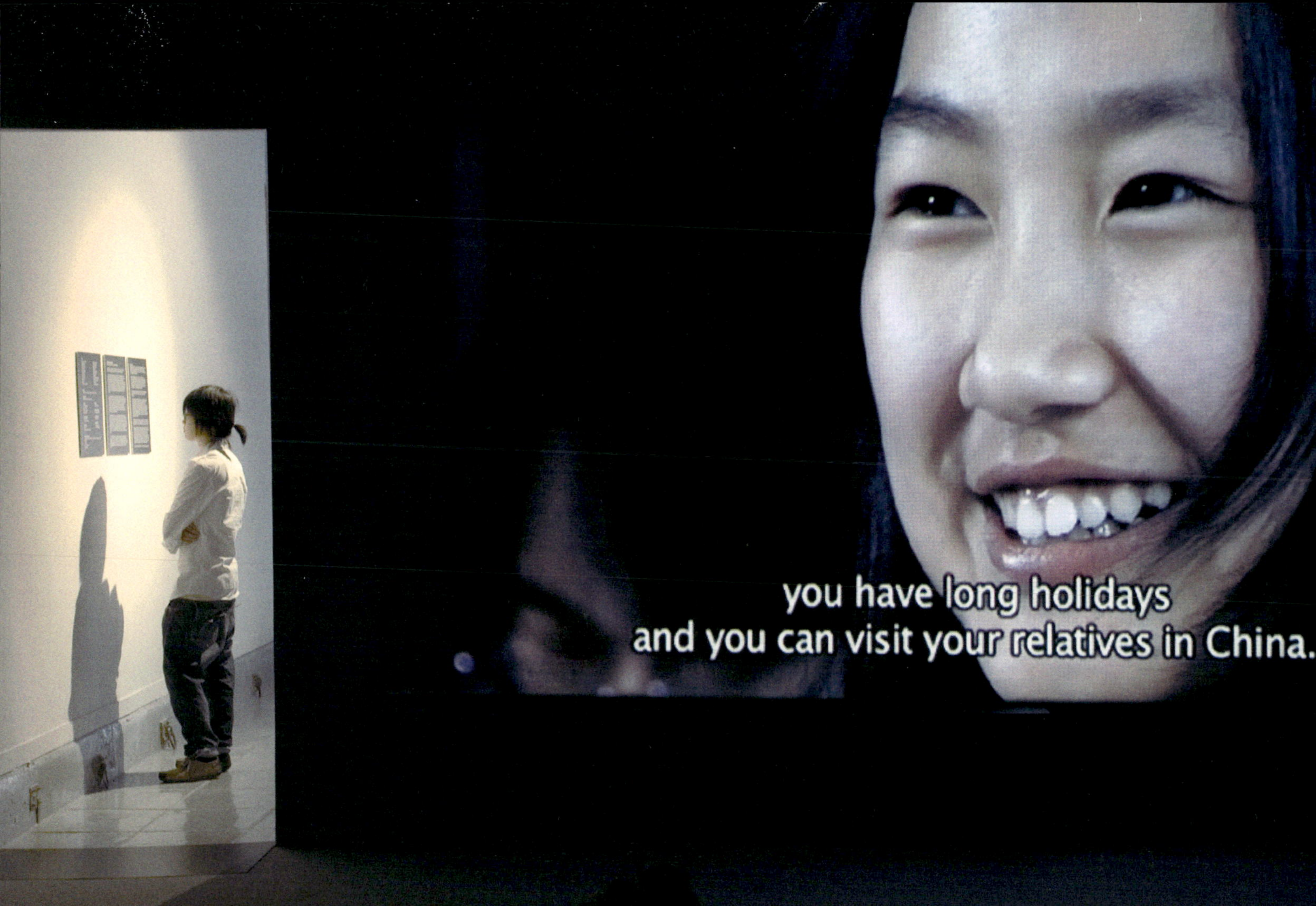
you have long holidays
and you can visit your relatives in China.

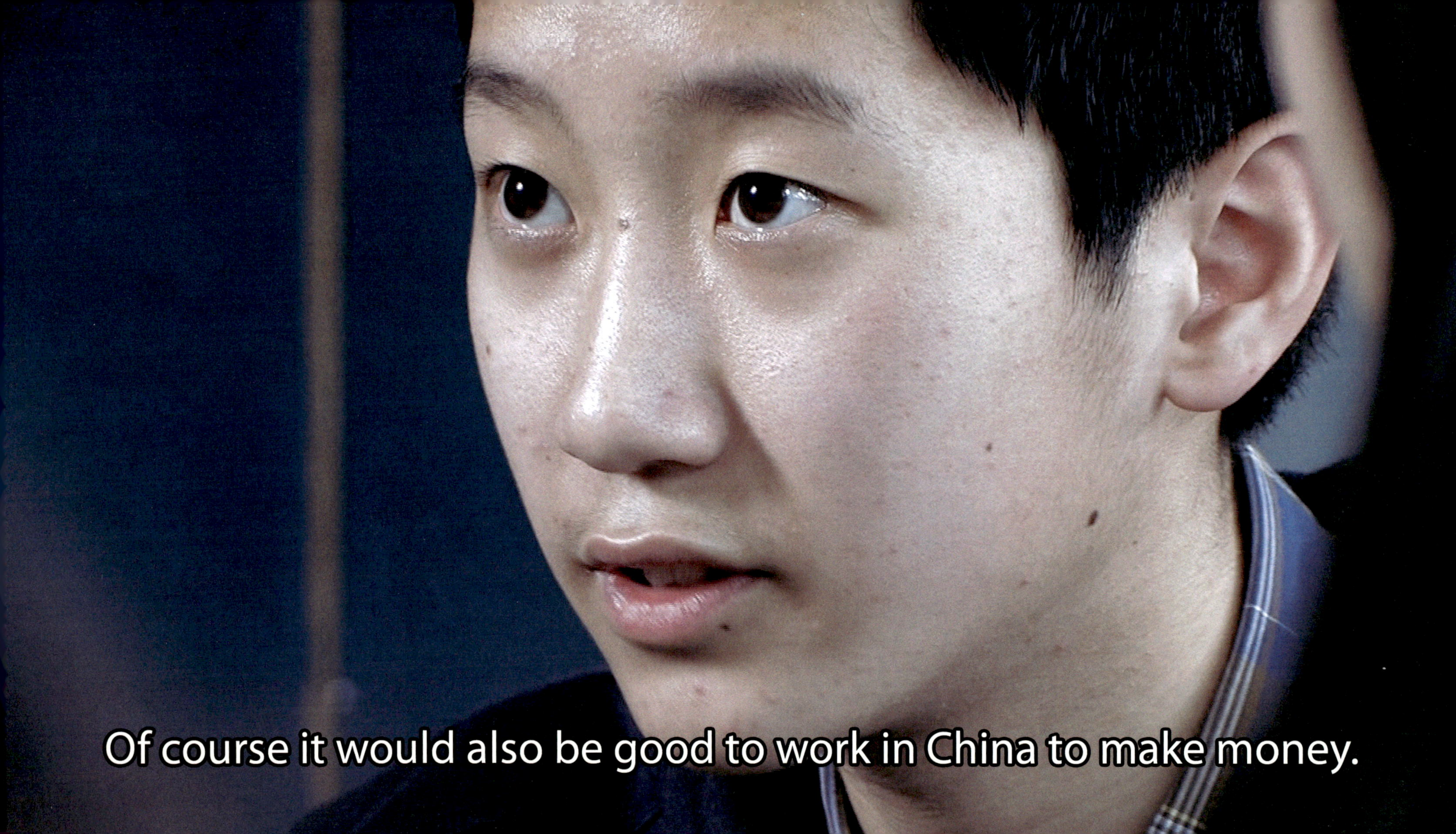

Of course it would also be good to work in China to make money.

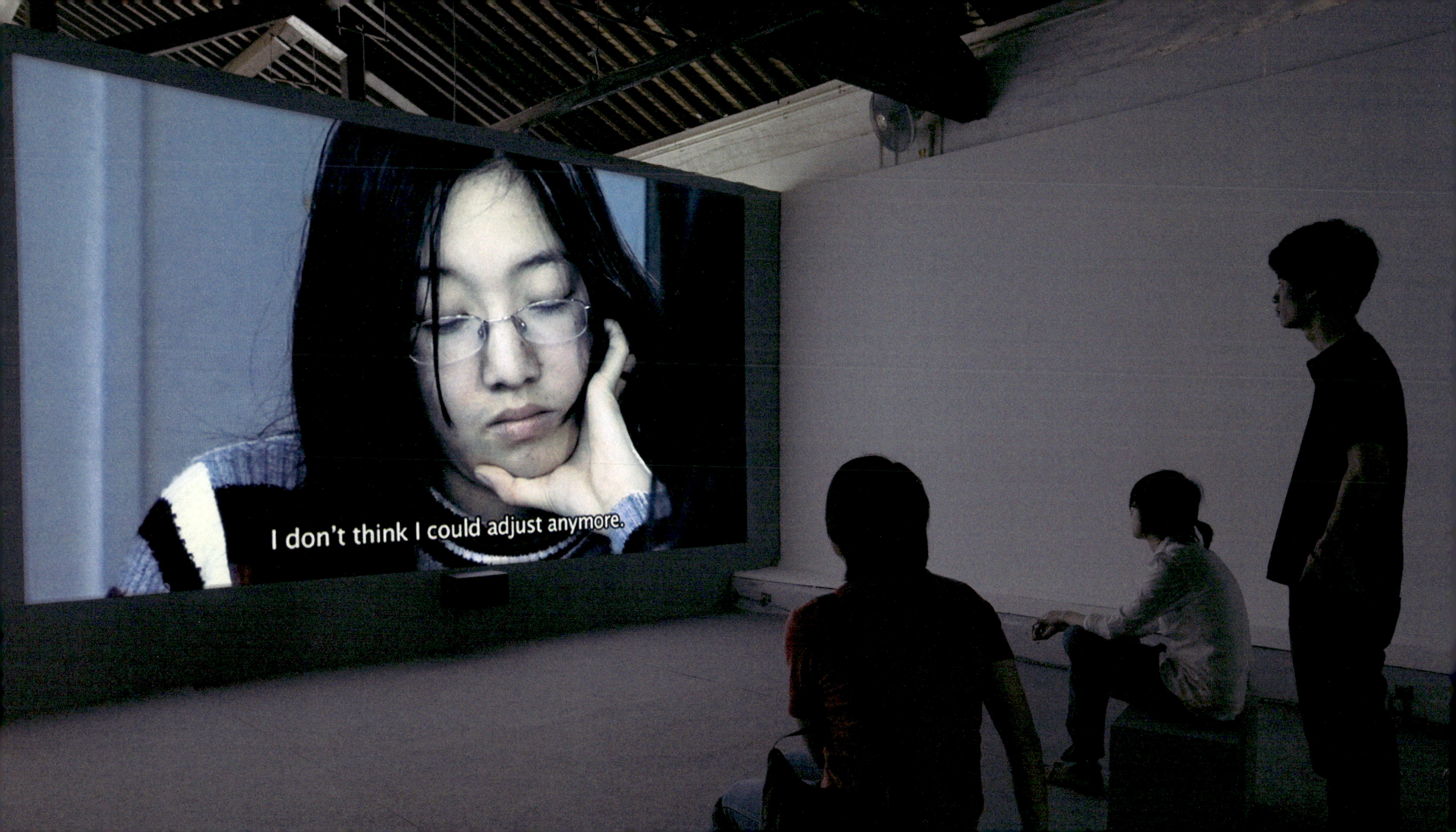
I don't think I could adjust anymore.

Intervention im Spiegelsaal von Schloss Solitude

Als Teil der Ausstellung *Chinesisch von Vorteil* in der Akademie Schloss Solitude zeigten Boisseau und Westermeyer vier Chinoiserien aus der Ludwigsburger Porzellanmanufaktur: Sitzende Chinesin mit Laute, Chinese mit einem Knaben, Chinesenfürst und Chinesin mit eine Melone haltendem Knaben (alle um 1767).

Intervention in Spiegelsaal (hall of mirrors) of Schloss Solitude

As part of their exhibition *Chinese is a Plus* at Akademie Schloss Solitude Boisseau and Westermeyer showed four chinoiserie figures from the Ludwigsburger Porzellanmanufaktur: Sitting Chinese Woman with Lute, Chinese Man with a Boy, Chinese Sovereign and Chinese Woman with a Melon Holding Boy (all around 1767).

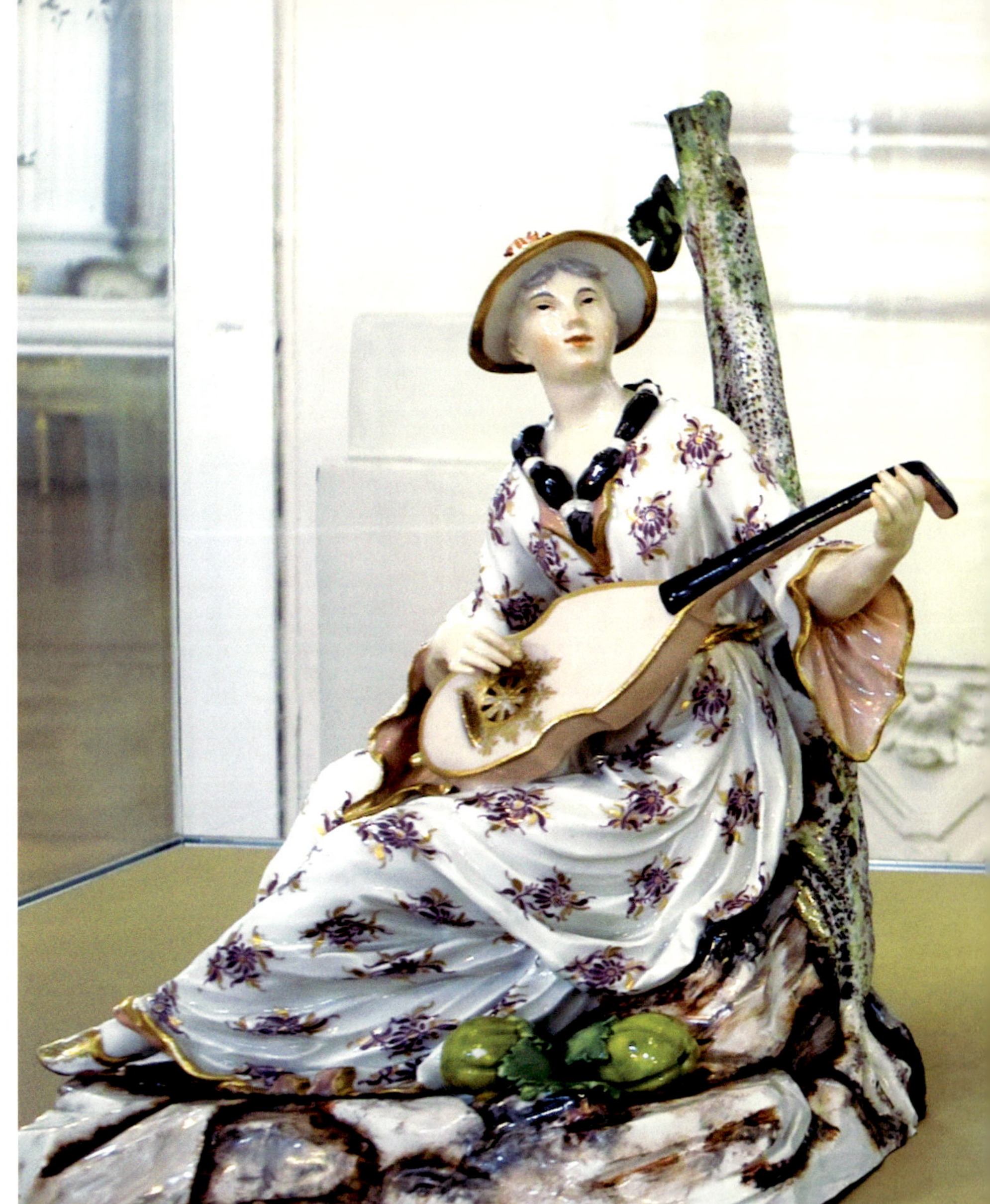

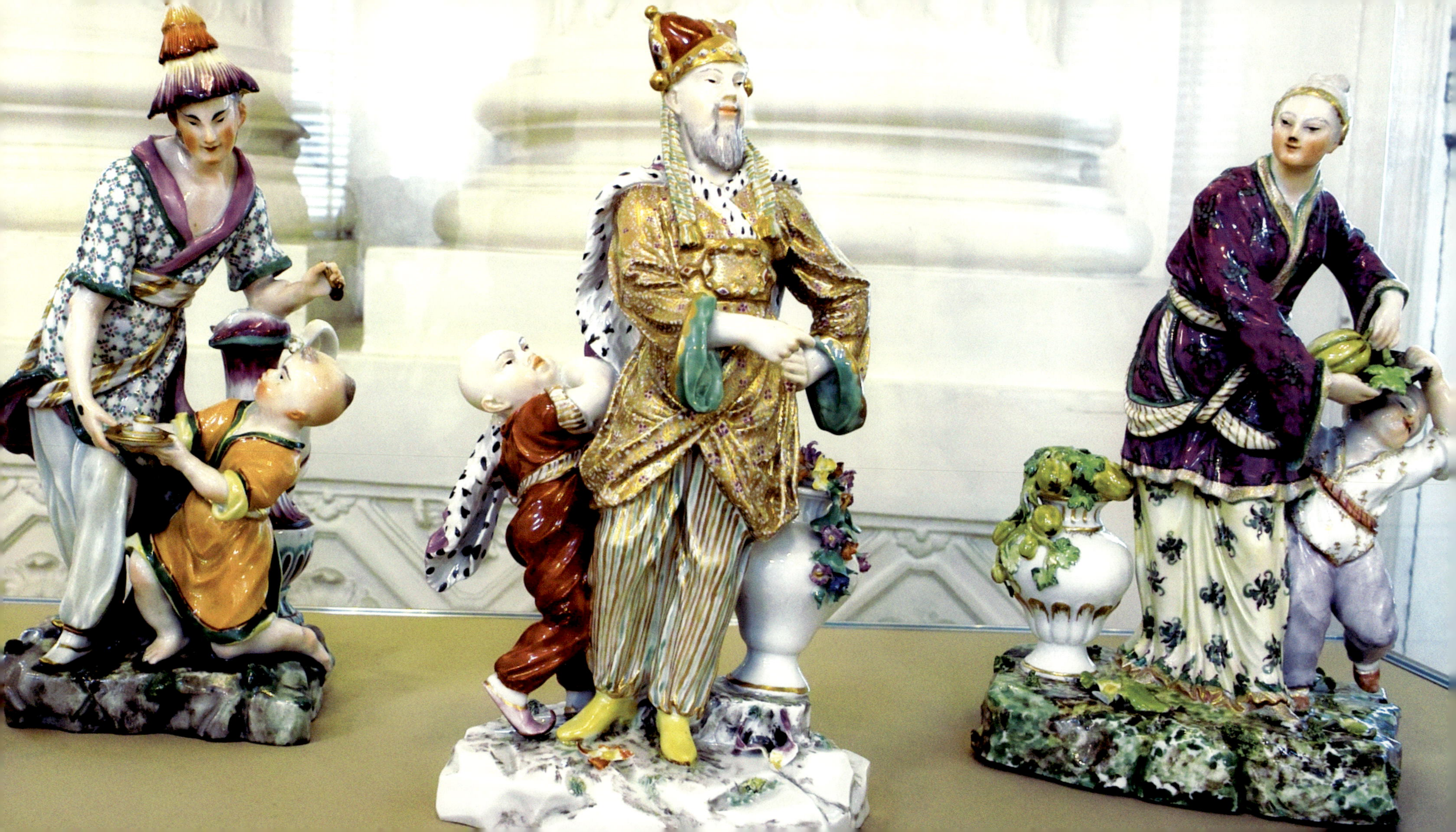

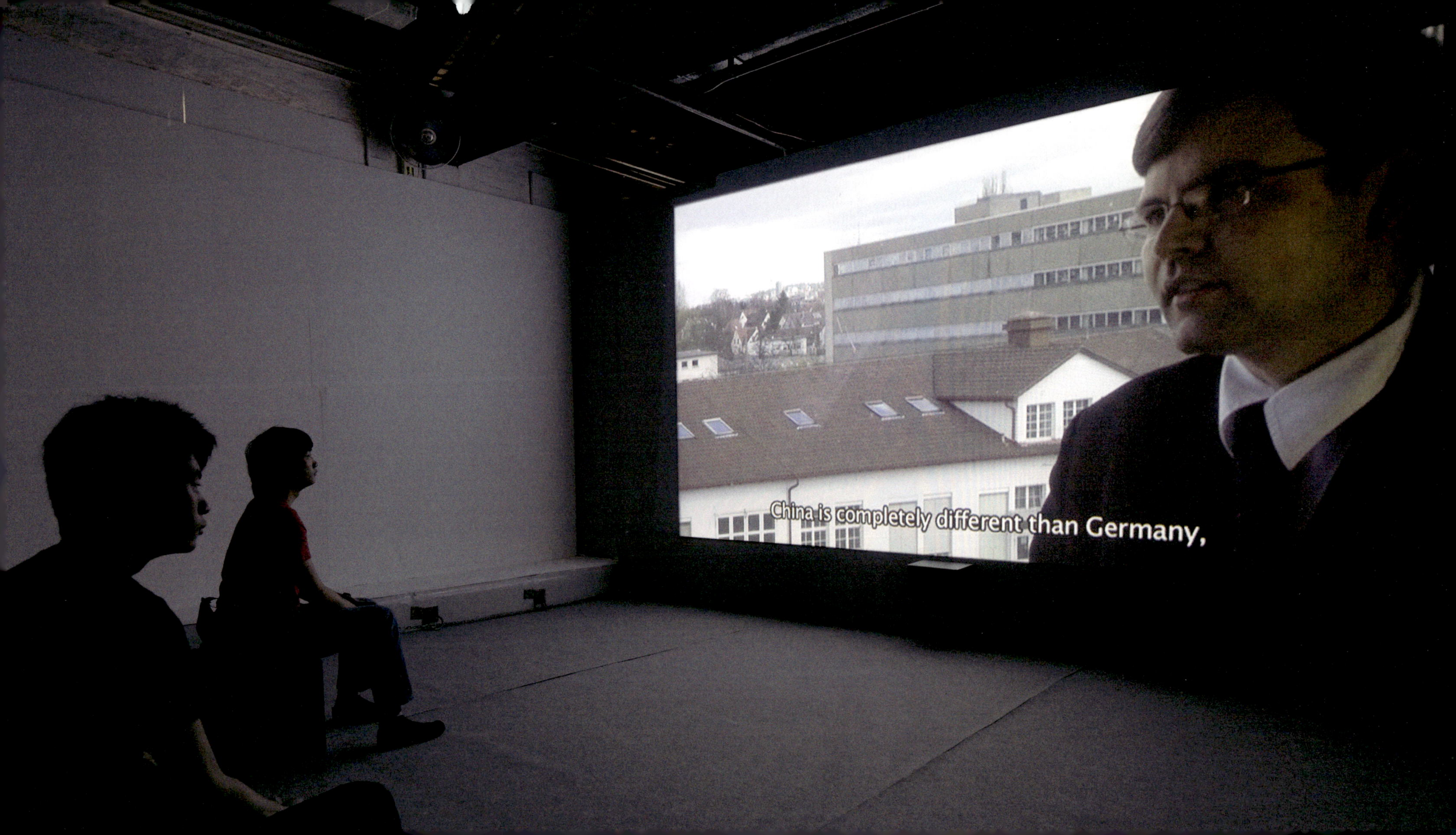
China is completely different than Germany,

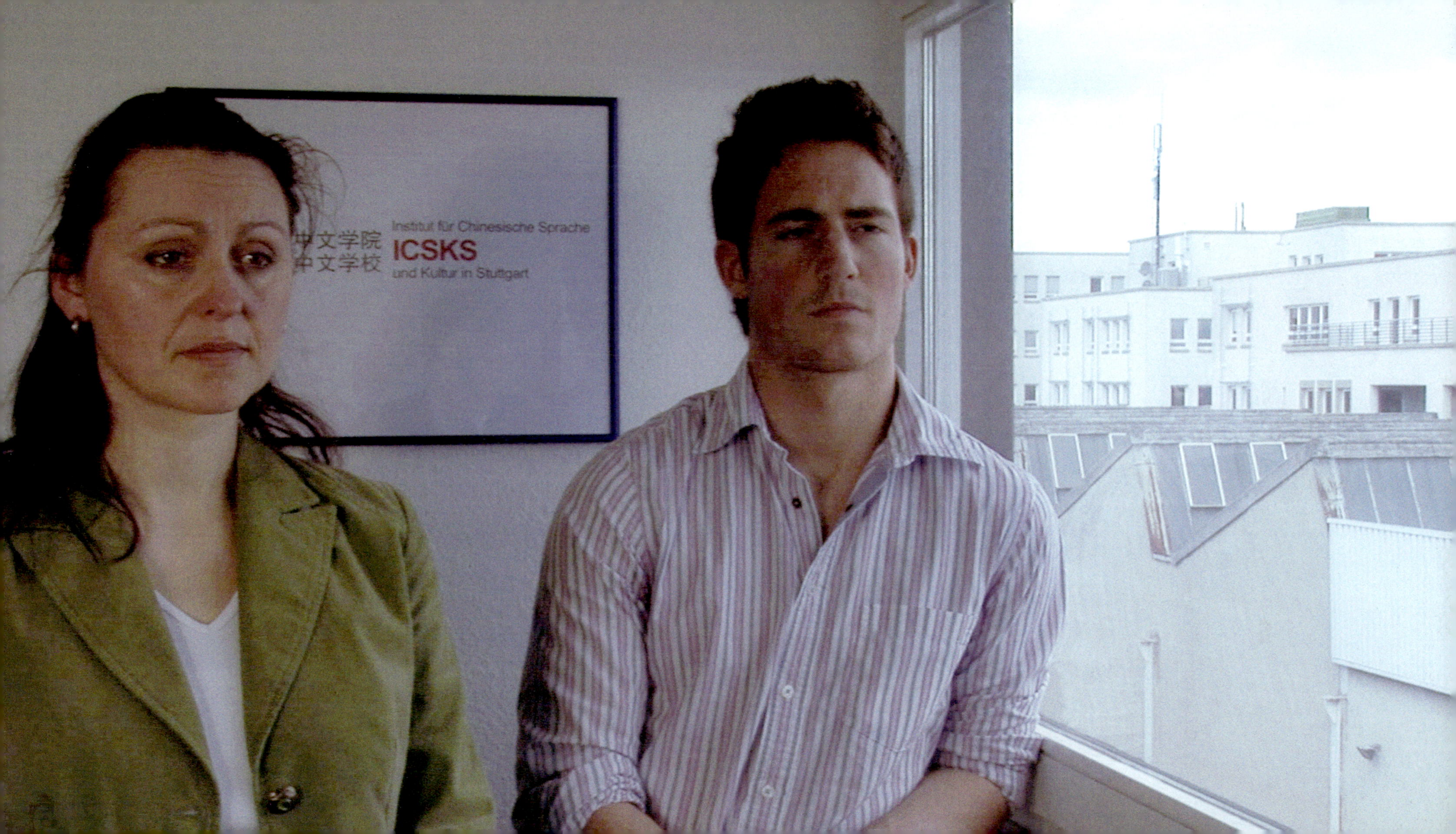

中文学院
中文学校
Institut für Chinesische Sprache
ICSKS
und Kultur in Stuttgart

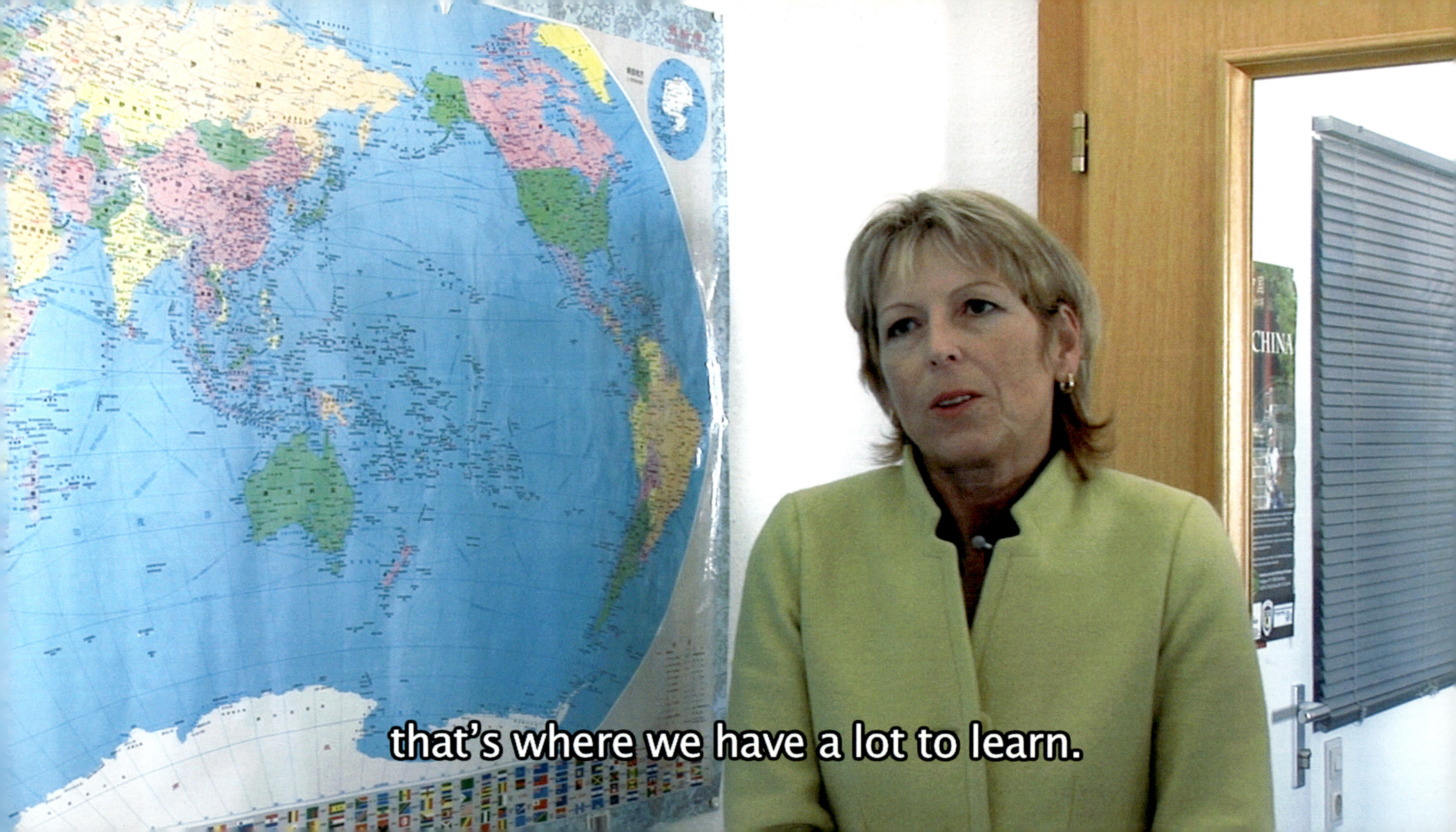
that's where we have a lot to learn.

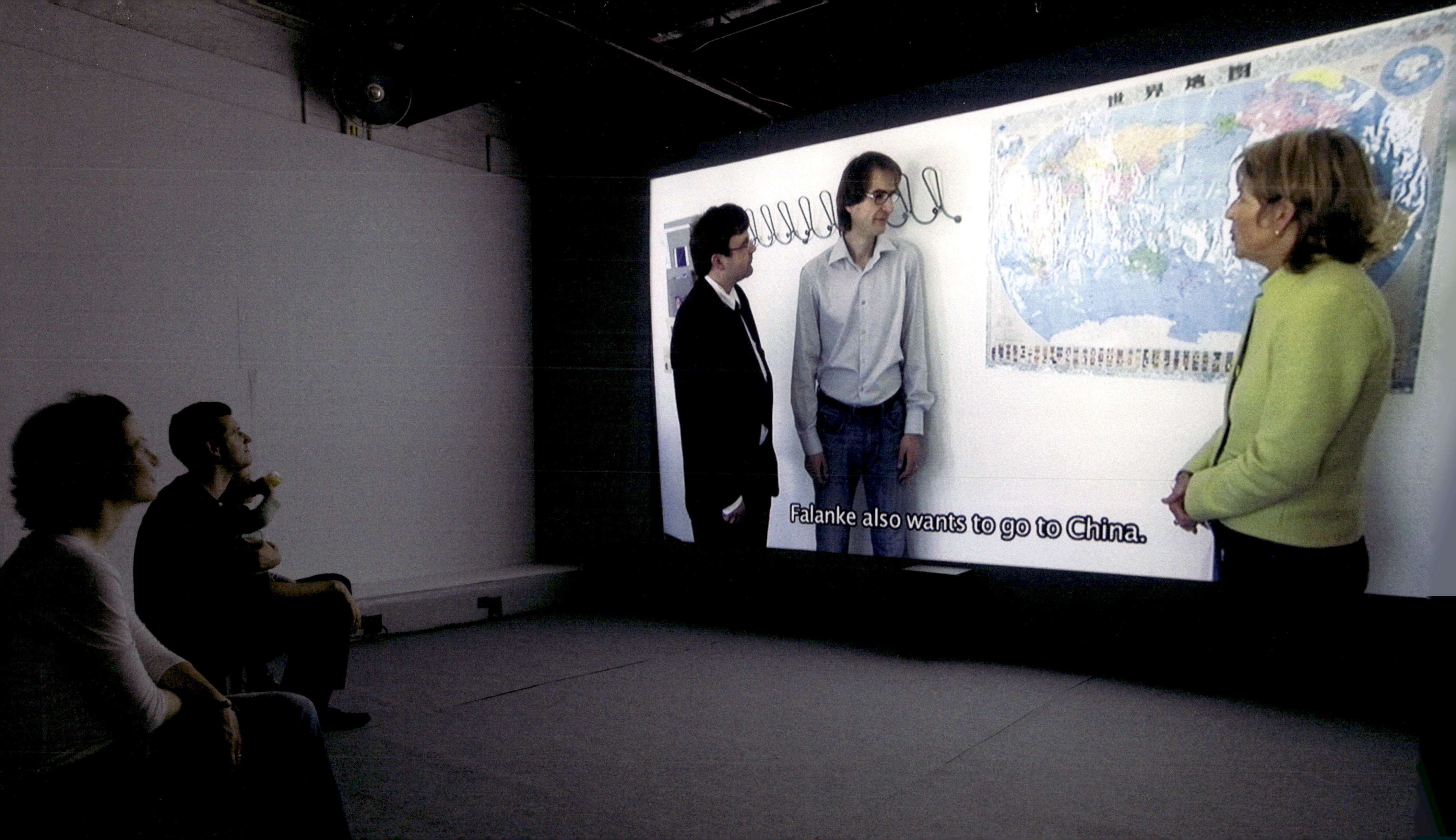
世界地图
Falanke also wants to go to China.

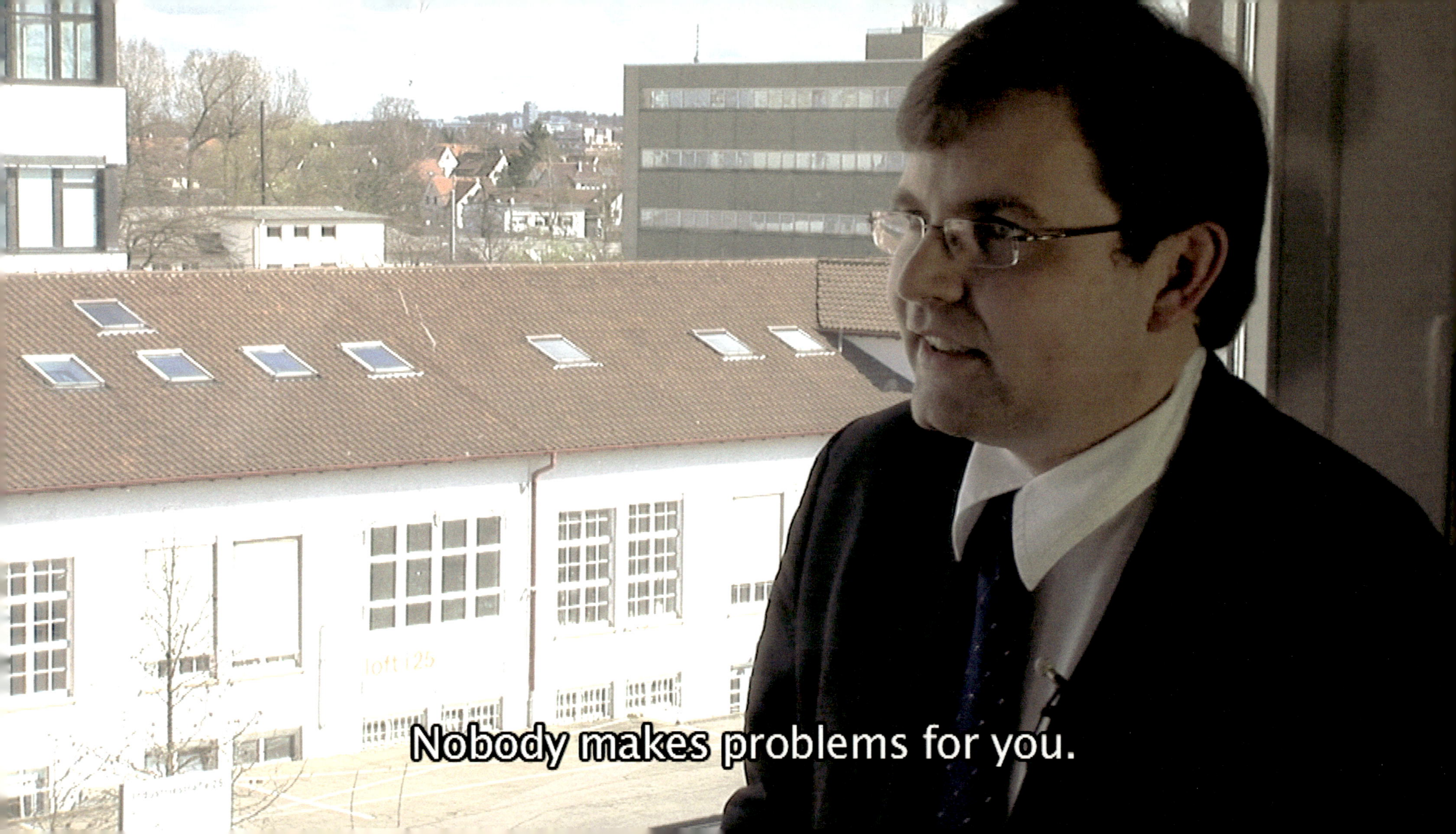

Nobody makes problems for you.

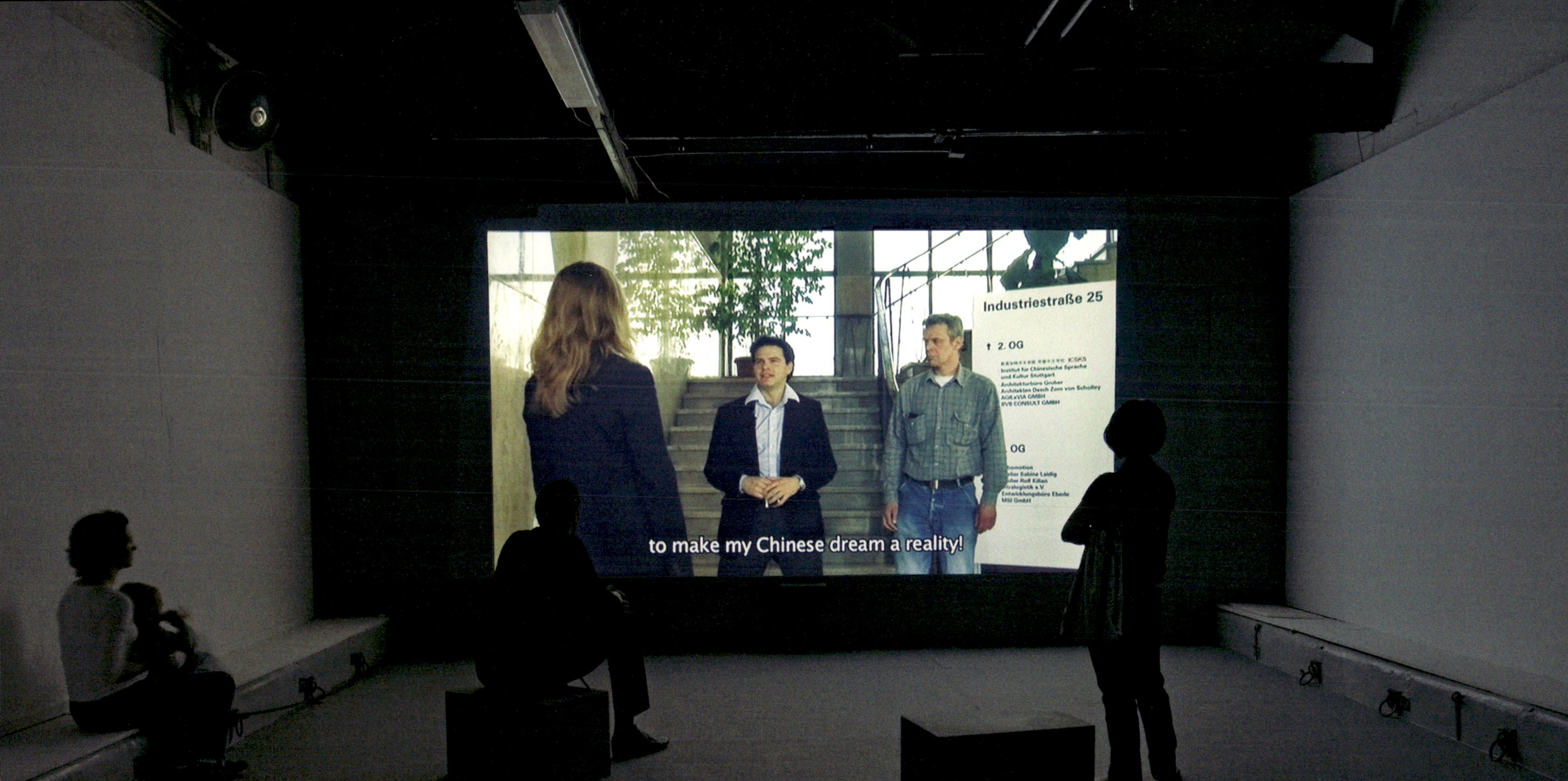

Industriestraße 25
2. OG
to make my Chinese dream a reality!

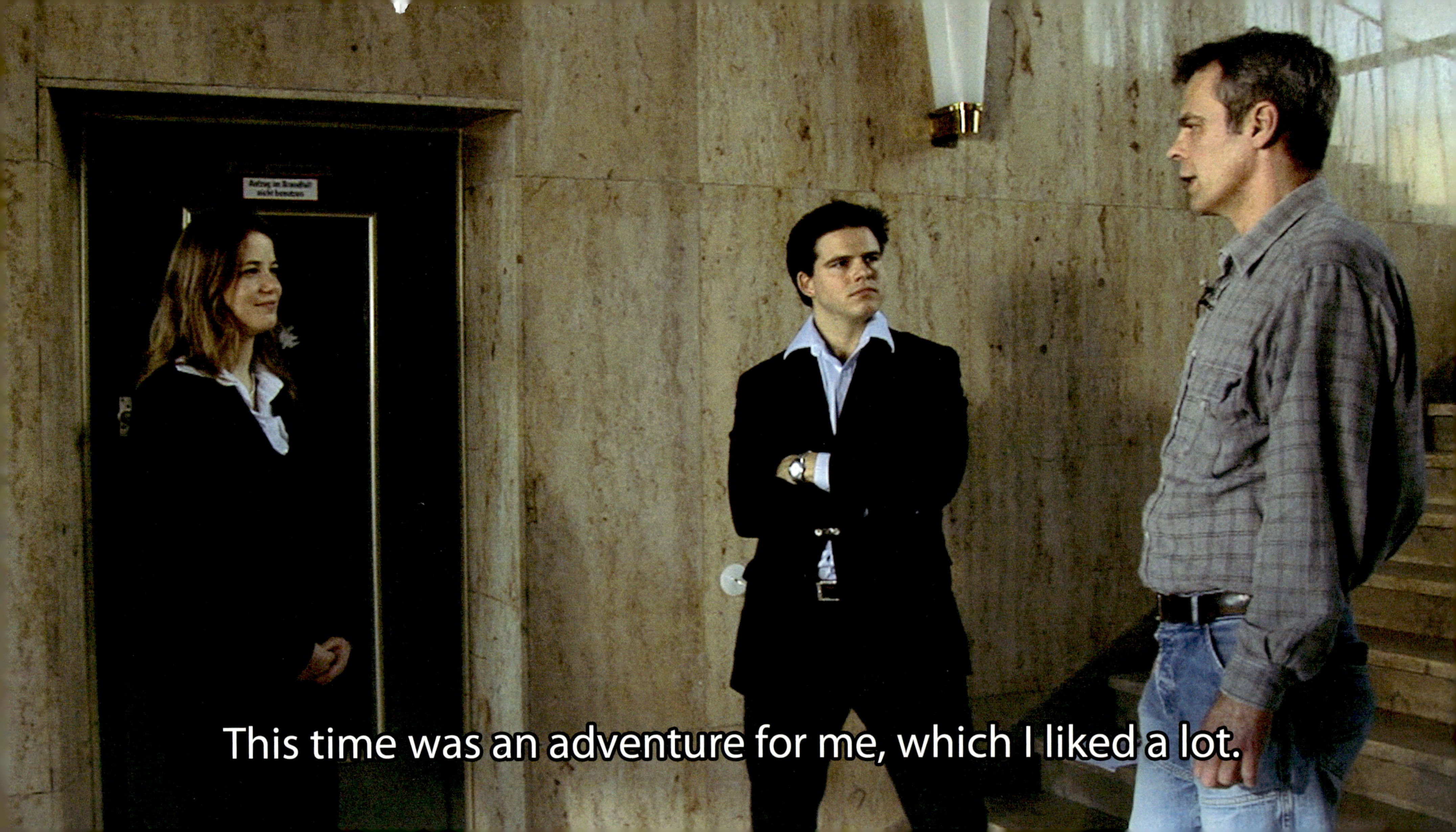

This time was an adventure for me, which I liked a lot.

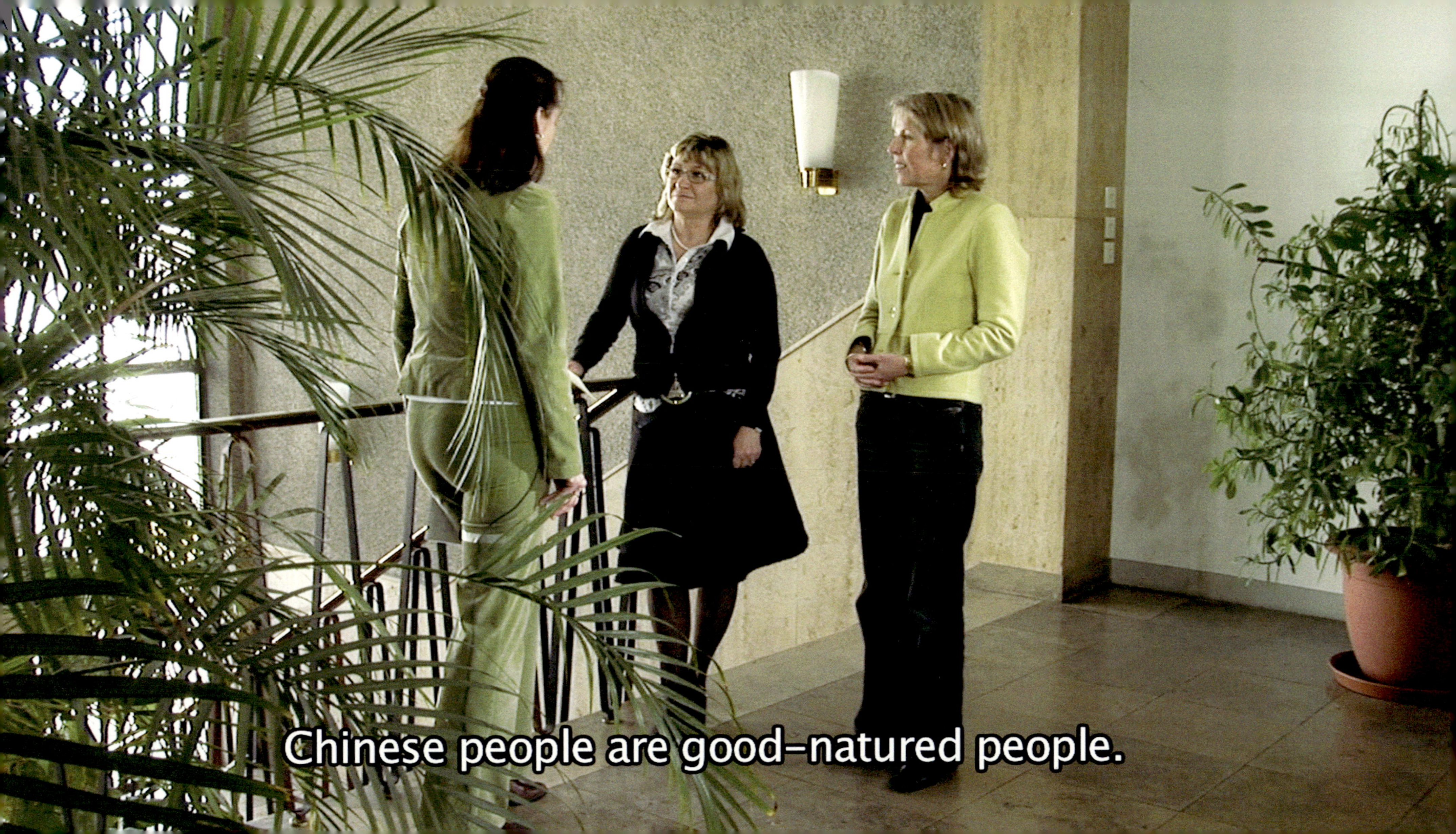
Chinese people are good-natured people.

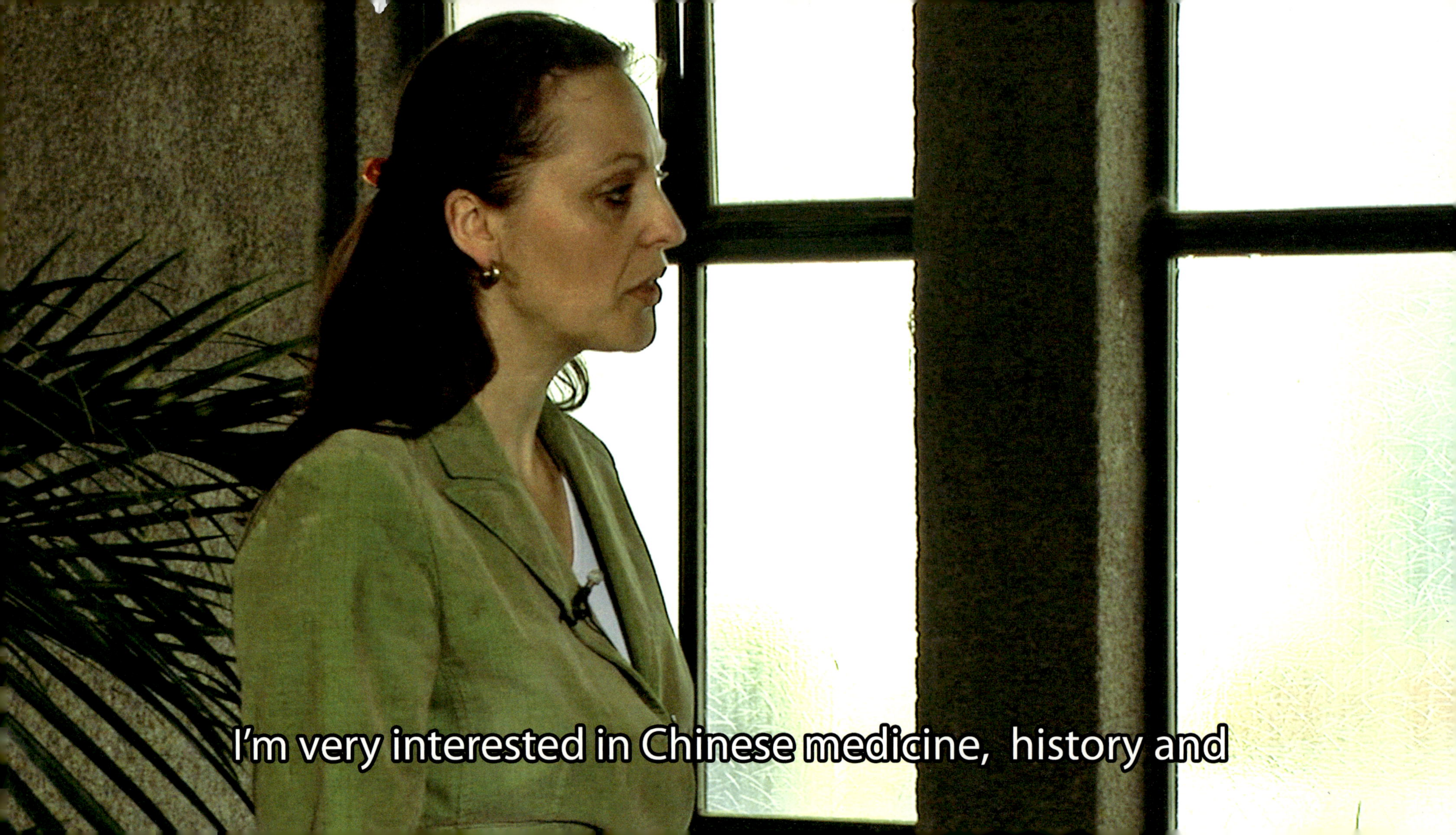
I'm very interested in Chinese medicine, history and

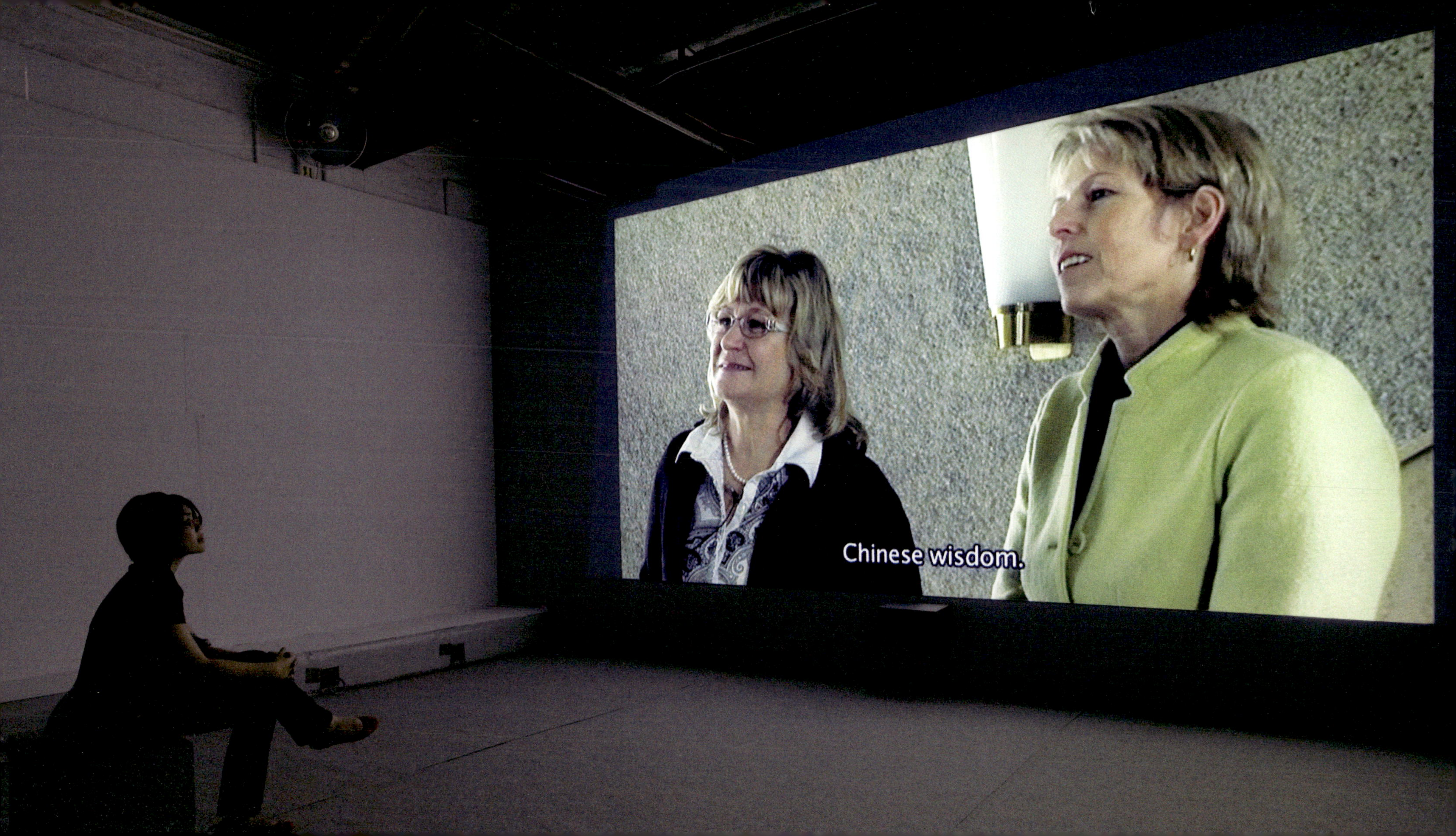
Chinese wisdom.

E4 Projektkoordination PMU Lokalisation, VAN/CPO, Stuttgart

Projektmanagement

Organisation und Durchführung regelmäßiger Projekt- und Status-meetings zur Feststellung und Darstellung des aktuellen Projektstandes sowie Aufbau und Pflege eines Projektberichtswesens. Regelmäßige Information der Projektleitung über den aktuellen Status des Projektes und der Teilprojekte.

Überwachung des Terminplans und der Aufgaben der Projektmitglieder über das Projekttool und einleiten von entsprechenden Maßnahmen, bei Verzögerungen. Übernahme von Sonderaufgaben zur Unterstützung des Gruppen-, Abteilungs- bzw. Projektleiters.

Gute DV-Kenntnisse in MS-Office Anwendungen, interkulturelles Verständnis, Englisch verhandlungssicher. Chinesisch von Vorteil. Sie sind E4-Leiter bzw. besitzen eine Potenzialaussage für die Ebene 4 nach LEAD für Sachbearbeiter. Die Tätigkeit ist in Vollzeit.

E4 project coordination PMU localisation, VAN/CPO, Stuttgart

Project management

This position entails organising and implementing regular project and status meetings to establish and illustrate current project status, as well as configuring and maintaining the Reporting of the project. The candidate shall deliver regular reports to the project leader on project and subproject status.

Keep under surveillance the timing and other project members' duties with the project tool and implement essentials sanctions in case of delays. Take on special missions supporting the group, division or project leaders.

Good DP knowledge in MS-Office applications, intercultural understanding, business English are required, Chinese is a plus.

You have experience as an E4 leader or you possess potential capacity for the level 4 according to LEAD. This is a full-time position.

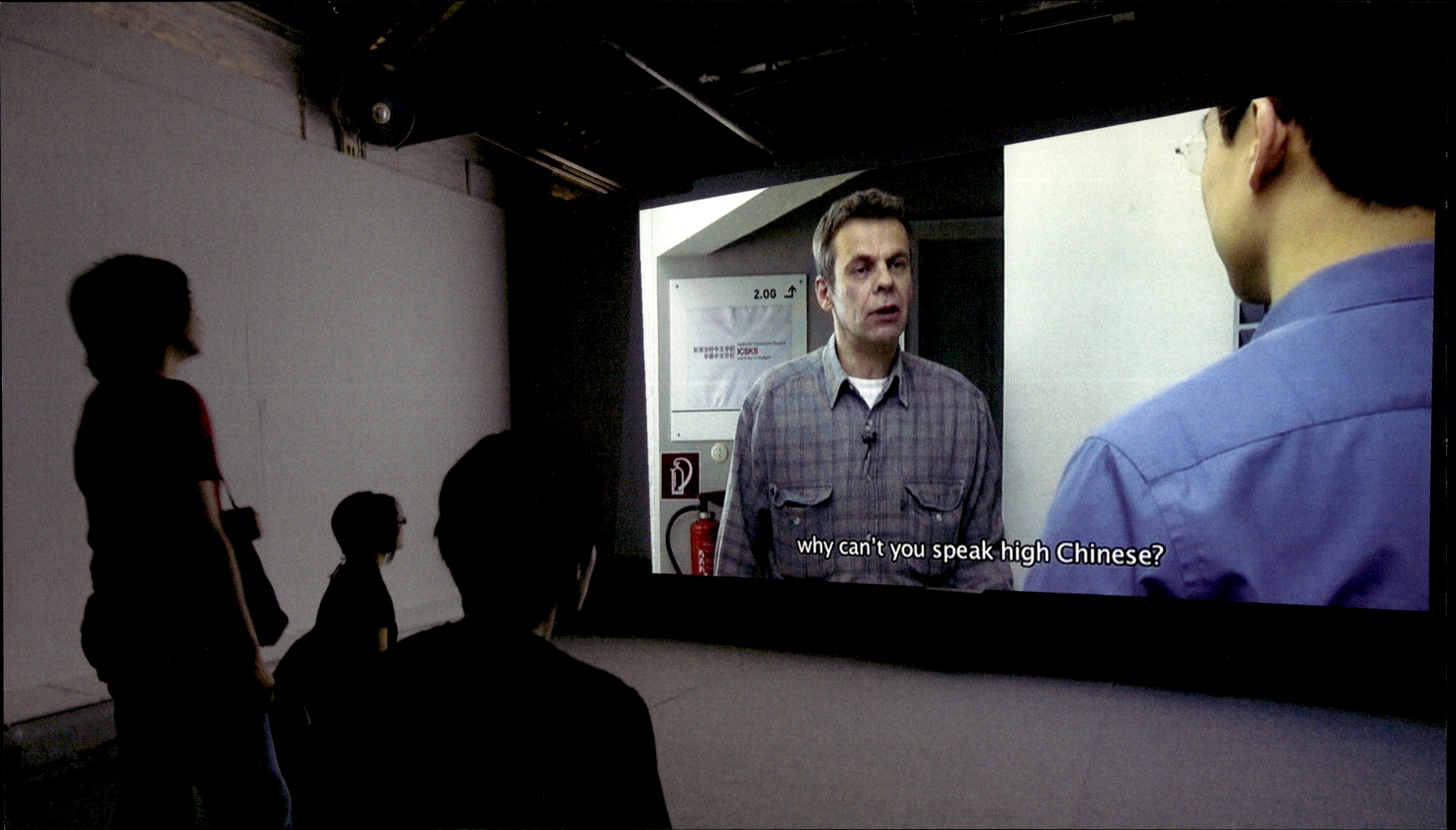

2.0G
ICSKS
why can't you speak high Chinese?

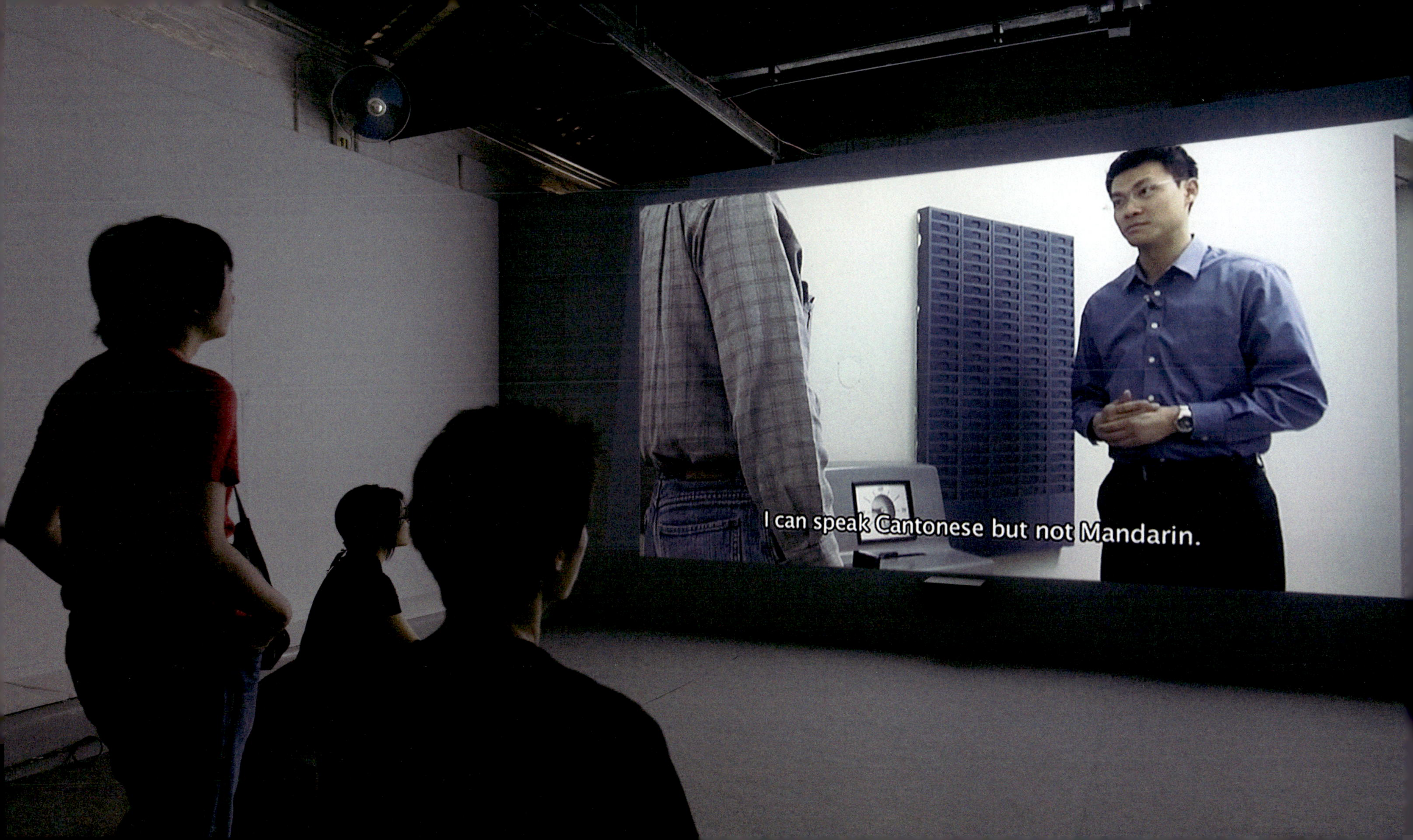
I can speak Cantonese but not Mandarin.

Zeigen, Verbergen, Suchen – *Chinesisch von Vorteil*-Betrachten *von Yeung Yang*

Zunächst ein Umweg. Es gibt eine Geschichte von einem Mann, der sich ausgezeichnet darauf versteht, die Stimmen anderer nachzuahmen. Er tritt regelmäßig vor einem Publikum aus Ärzten, Sprachwissenschaftlern, Geographen, Kartographen auf. Seine Darbietung ist so perfekt, dass der Applaus nicht enden will. Eines Tages fragt ihn jemand aus dem Publikum, ob er seine eigene Stimme nachahmen könne. Die Antwort ist Schweigen.

Dieser Essay befasst sich mit dem Thema Relevanz, der allgemeinen Relevanz, Chinesisch zu lernen, Chinesisch zu sprechen, für das zeitgenössische Leben von heute, aber auch mit der Relevanz, Chinesisch in spezifischen, in *Chinesisch von Vorteil* dargestellten Situationen zu lernen und zu sprechen. Innerhalb dieser allgemeinen Relevanz gibt es eine spezifische persönliche Relevanz des Chinesisch-Lernens und Chinesisch-Sprechens für das zeitgenössische Leben in Hongkong, der Ort von dem aus ich schreibe und an dem ich festhalte. Innerhalb der spezifischen Situationen, die in *Chinesisch von Vorteil* als relevant postuliert werden, gibt es die allgemeine Relevanz, eine Sprache zu lernen, die nicht ihre und nicht meine ist. In diesem Geflecht von Bedeutungen – von angenommenen, dargestellten, postulierten, angehängten, festgehaltenen Bedeutungen – untersucht *Chinesisch von Vorteil* eine Aufmerksamkeit, die sich hin und her bewegt und hin und her bewegt wird, zwischen der Wahrnehmung Chinas als einem bevorzugten und zwingenden Fokus des Interesses und dem Einander-Wahrnehmen beim Erlernen von Chinesisch als Fremdsprache.

Damit ist die Szene bereitet. In diesem Essay schreibe ich von Hongkong aus über *Chinesisch von Vorteil*. *Chinesisch von Vorteil* erschien mir als persönlich relevant. Persönliche Relevanz erzeugt sowohl Leichtigkeit als auch Schwere des Seins. Leichtigkeit aufgrund des Vergnügens, als Mensch angesprochen zu werden, und aufgrund des Vergnügens, dass mein Leben als etwas anerkannt wird, das etwas zu erzählen vermag. Um relevant zu sein, kann dieses Leben als das eines Kantonesisch sprechenden Menschen beschrieben werden, als eines in der nationalen Hierarchie der Sprachen niedriger angesiedelten Chinesisch, dieses Leben, das sich flüssiger auf Englisch äußert, der Sprache des Kolonialherrn, als in der sogenannten Muttersprache.

Doch ein Werk so zu betrachten, als spräche es zu mir, als bevorzuge es mich, bedeutet die Kunst wegzuschreiben. An dieser Stelle muss die Schwere der Relevanz ins Spiel kommen, Schwere aufgrund der Relevanz der Aktualität. Ich denke an die Zeit, in der ich diesen Essay schreibe, das Jahr 2009, in dem Hongkong sehr mit „China" überhäuft ist, einem Eigennamen, der in ein Zeichen verwandelt wurde. „China" ist der rote Feind, der in der zeitgenössischen Kunst anlässlich des aktuellen 20. Jahrestags des Massakers auf dem Tiananmen-Platz 1989 thematisiert wird. „China" ist ein roter Drache, der in den spektakulären Feierlichkeiten zum 60. Jahrestag der Gründung der Volksrepublik China umhertanzt. „China" ist ein Zeichen, das gewaltige Geschichten und Emotionen mit sich schleppt, andere Geschichten und Emotionen mit seiner Regsamkeit und Eloquenz dämpft, zu glatt ist, als dass man ihm widerstehen könnte. Der Zeitpunkt, zu dem ich dies schreibe, verleiht der Schwere persönliche Relevanz, denn

Showing, hiding, seeking – regarding *Chinese is a Plus* by *Yeung Yang*

First, a detour. There's a story in which a man excels in imitating the voices of others. He regularly performs onstage to an audience of physicians, linguists, geographers, cartographers. His performance is so perfect it always wins endless applause. One day, an audience member asks if he can imitate his own voice. He responds with silence.

This essay takes up the issue of relevance – the general relevance of learning Chinese, speaking Chinese, to contemporary life today; as well as the relevance of learning Chinese and speaking Chinese in specific situations appropriated by *Chinese is a Plus*. Within the general relevance lies a specific personal relevance about learning Chinese, speaking Chinese, to contemporary life in Hong Kong, where I write from, a place I abide by. Within the specific situations of posited relevance in *Chinese is a Plus* lies the general relevance of learning a language that is not theirs, not mine. In this web of relevances – assumed, appropriated, posited, adhered to, abided by – *Chinese is a Plus* explores an attention that shifts and is shifted between perceiving China as a privileged and compulsory object of focus and each other in the process of learning Chinese as a foreign language.

Hence, the scene is set. In this essay, I write from Hong Kong about *Chinese is a Plus*.

Chinese is a Plus occurred to me as personally relevant. Personal relevance generates both lightness and gravity of being – lightness for the pleasure of being addressed as a person, of having my life acknowledged as offering something to tell. This life, to be relevant, can be described simply as a speaker of Cantonese, a lesser Chinese in the national hierarchy of languages; this life that is articulated more fluently in English, the colonizer's language, than the so-called native tongue.

But to regard a work as singularly speaking to me, as preferring me, is to write away the art. This is where the gravity of relevance must come in – gravity for the relevance of timeliness. I am thinking of the time I am writing this essay, the year 2009, when everywhere in Hong Kong is a little crowded with "China", a proper name turned into sign. "China" is the red enemy addressed in contemporary art as the 20th anniversary of the 1989 Tiananmen Massacre in Beijing is upon us. "China" is a red dragon dancing in spectacular celebrations of the 60th anniversary of the founding of the People's Republic of China. "China" is a sign that carries gigantic histories and emotions, muting other histories and emotions with its agility and eloquence, too smooth to resist. The timing of this writing brings gravity to personal relevance, for it is manifested in the difficult and perpetual question of who is this "I" that is addressed, this life named mine that is assumed to be completely mine – Chinese, Hong Kong-Chinese, Chinese enough, not yet Chinese.

To show – the general

I was born and bred in Hong Kong. For me, to speak Chinese is to speak Cantonese. It didn't occur to me that speaking Chinese is a question of speaking the right Chinese, the substitution of Putonghua for Cantonese, until around Hong Kong's sovereignty changeover in 1997. Speaking the right Chinese gradually became a measure of "being Chinese enough"

sie manifestiert sich in der schwierigen und ewigen Frage danach, wer dieses thematisierte „Ich" ist, dieses als meines bezeichnete Leben, von dem man annimmt, dass es ganz und gar mir gehört: Chinesisch, Hongkong-Chinesisch, Chinesisch genug, noch nicht Chinesisch.

Zeigen – das Allgemeine

Ich bin in Hongkong geboren und aufgewachsen. Chinesisch sprechen heißt für mich Kantonesisch sprechen. Bis zur Veränderung des Souveränitätsstatus von Hongkong 1997 kam es mir nie in den Sinn, dass Chinesisch-Sprechen eine Frage des Das-richtige-Chinesisch-Sprechen sein könnte, die Ersetzung des Kantonesischen durch Mandarin. Das-richtige-Chinesisch-Sprechen wurde allmählich ein Maßstab für das „Chinesisch-genug-Sein" und ein Zeichen des von oben abgeschlossenen Entkolonialisierungsprozesses. Aus Sicht von unten jedoch bleibt die Entkolonialisierung, also Hongkongs Postkolonialität, ein unsteter und anhaltender Prozess. Man denke etwa an die widersprüchliche Art und Weise, wie der Augenblick von Hongkongs Entkolonialisierung oder die Veränderung seines Souveränitätsstatus' auch weiterhin beschrieben wird. Aus Sicht der britischen Kolonialmacht handelt es sich um eine „Übergabe" (auf Chinesisch, „yi jiao" auf Mandarin oder „yee gau" 移交 auf Kantonesisch, aus britischer Sicht). Aus Beijings Sicht handelt es sich bei der Veränderung um eine „Rückkehr" (auf Chinesisch, „hui gui" auf Mandarin oder „wui guai" 回歸 auf Kantonesisch, aus Sicht der chinesischen Regierung).[1]

Zwischen der Übergabe und der Rückkehr liegt die Imagination einer unbehaglichen Beziehung zwischen den Bewohnern von Hongkong und ihrem Land. Der Ort, den sie als ihre Heimat bezeichnen, verwandelt sich aus einem umstrittenen Gebiet in eine „Sonderverwaltungszone", wird Teil einer utopischen Nation, auf die wir stolz sein müssen. Wir müssen dankbar dafür sein, dass auch wir chinesische Staatsbürger werden, dankbar für einen Mangel, vor dem man uns gerettet hat.

Ich habe kein Interesse daran, hier eine Gegenfront zu „China" an sich aufzumachen. Ja, eine Position für oder gegen ein prädeterminiertes Bild von „China" einzunehmen, scheint genau das zu sein, was im Moment gefordert wird. Es wird Wert darauf gelegt, dass man die richtige Art Chinese ist, sich der richtigen Nation anschließt, an der kollektiven Solidarität partizipiert, die die nationale Zugehörigkeit konstruiert, sodass ich jegliche Diskussion Chinas von Hongkong aus als komplex empfinde. Es ist nichts neu daran, den Begriff der Differenz geltend zu machen, um die Vorstellung eines standardisierten Chinesisch-Seins genau im Auge zu behalten. Rey Chow meint, man müsse sich dem systematischen Vorwurf gegenüber jedermann, „nicht chinesisch genug zu sein" als einem Merkmal des Moments der Entkolonialisierung widersetzen. Sie sagt:

„Die Menschen in Hongkong können alles, was sie haben, ‚China' zuliebe opfern und dennoch im passenden Moment beschuldigt werden, nicht patriotisch, nicht ‚chinesisch' genug zu sein. Das ‚Chinesisch-Sein', das weit über die Verantwortung hinausgeht, die irgendein Individuum dafür trägt, zu einer Gemeinschaft zu gehören, [...] ist die Wurzel einer Gewalt, die mittels der eingefleischtesten Gefühle von ‚Bindungen' funktioniert und der sich Diaspora-Angehörige, selbst um den Preis sozialer Entfremdung, widersetzen müssen."[2]

Die Gewalt, die der Forderung nach dem rechten Maß von Chinesisch-Sein innewohnt, wird nicht dadurch gelöst, dass man von Hongkong

and a mark of the decolonization project completed from above. From the view below, however, decolonization, hence Hong Kong's postcoloniality is an uneven and ongoing process. Consider the contradictory ways Hong Kong's moment of decolonization, or its change of sovereignty, continues to be described – from the British colonial power's point of view, the change is a matter of "handover" (in Chinese, "yi jiao" in Putonghua or "yee gau" 移交 in Cantonese from the British point of view). From Beijing's point of view, the change is a matter of "return" (in Chinese, "hui gui" in Putonghua or "wui guai" 回歸 in Cantonese from the Chinese government's point of view).[1]

Between the handover and the return lies an imagination of the uneasy relation between Hong Kong people and their land. The place they call home changes from being disputed territory into a "special administrative region", part of a utopian nation we must be grateful to. We must be grateful for becoming Chinese nationals as well, for a lack we have been salvaged from.

Here, I have no interest in building a counterfront against "China" per se; in fact taking a stand either for or against a predetermined image of "China" is precisely what seems to be mandated. There is an emphasis on being the right kind of Chinese, affiliate with the right nation, participate in the collective solidarity that nationhood constructs, that I find any discussion about China from Hong Kong complex. There is nothing new in affirming the concept of difference to keep the imagination of standardized Chineseness under watch. Rey Chow believes the systematic accusation of anyone being "not Chinese enough" as a mark of the moment of decolonization must be resisted. She says,

"The people in Hong Kong can sacrifice everything they have to the cause of loving 'China' and still, at the necessary moment, be accused of not being patriotic – of not being 'Chinese' enough. Going far beyond the responsibility any individual bears for belonging to a community, 'Chineseness' … lies at the root of a violence, which works by the most deeply ingrained feelings of 'bondings' and which – even at the cost of social alienation – diasporic intellectuals must collectively resist."[2]

The violence of the demand for the right measure of Chineseness is not to be resolved by reinstating the significance of speaking Cantonese from Hong Kong, for doing so is to assert that the relation of any speaker to his/her native mother tongue is inviolable and natural, hence employing the same terms of the national hierarchy of languages to topple itself. Everyday life in Hong Kong reveals how arguing for the priority of Cantonese doesn't hit where it hurts. Considering the trilingual (Cantonese, English and Putonghua, in this order) train announcements, a pointless eloquence of cultural diversity and false fairness of language distribution that whisks the cultural tension and differences of cultural identities away, Hong Kong's well-being as a multi-cultural society imagines itself as a solution to cultural exclusion. That daily life in Hong Kong is organized by an imperative of posing the cosmopolitan Chinese that puts Cantonese under control once again shows priorities of alignment from above. To speak from Hong Kong, then, is always to speak in a foreign language – foreign to who we are as Chinese nationals, and foreign for being different and distanced from the international, because Hong Kong is within a nation, not between. The coercion of monolingualism, of speaking the one, standard, and right Chinese, is aligned with the encouragement of multilingualism, so that we remain always speaking a language that belongs elsewhere, which is allowed, but not ideal. Monolingualism is an ideal can only work

aus erneut geltend macht, wie wichtig es ist, Kantonesisch zu sprechen, denn damit bekräftigt man nur, dass die Beziehung jedes Sprechers/jeder Sprecherin zu seiner/ihrer Muttersprache unverletzlich und natürlich sei und bedient sich derselben Kategorien einer nationalen Hierarchie von Sprachen, die es zu Fall zu bringen gilt. Das Alltagsleben in Hongkong zeigt, dass das Eintreten für die Priorität des Kantonesischen den schmerzlichen Punkt, um den es eigentlich geht, verfehlt. Die dreisprachigen Ansagen in den Zügen – Kantonesisch, Englisch und Mandarin, in dieser Reihenfolge –, eine sinnlose Demonstration kultureller Vielfalt und falscher Fairness der Sprachverteilung, die die kulturellen Spannungen und die Unterschiede der kulturellen Identitäten beiseite wischt, zeigen, dass Hongkong sich selbst einbildet, sein Wohlergehen als multikulturelle Gesellschaft sei eine Lösung für kulturelle Exklusion. Doch dass das Alltagsleben in Hongkong von der Vorgabe bestimmt wird, sich als chinesischer Kosmopolit aufzuführen, der die Kontrolle über das Kantonesische ausübt, zeigt einmal mehr, dass es bestimmte, von oben gelenkte Anpassungsprioritäten gibt. Von Hongkong aus zu sprechen, bedeutet daher stets in einer Fremdsprache sprechen: fremd gegenüber dem, was wir als chinesische Staatsangehörige sind, und fremd, weil wir von der Internationalität verschieden und entfernt sind, da Hongkong sich innerhalb einer Nation befindet, nicht zwischen Nationen. Der Zwang zur Einsprachigkeit, der Zwang, das eine, richtige Standardchinesisch zu sprechen, geht mit der Ermutigung zur Vielsprachigkeit einher, so dass wir stets eine Sprache sprechen, die nicht hierher gehört, die zulässig ist, aber nicht ideal. Einsprachigkeit als Ideal kann nur funktionieren, wenn sie in einer Beziehung zum Projekt der Vielsprachigkeit als einer bewussten Strategie steht.

Chinesisch von Vorteil handelt nicht von den Beziehungen zwischen Hongkong und China, aber es bietet einen entscheidenden Raum um

Fragen zu stellen, Fragen vermittels des aus Sicht der chinesischen Nation weniger vertraute Hongkong. *Chinesisch von Vorteil* besteht nicht aus Dokumentarvideos von Menschen, die Chinesisch sprechen, sondern aus einer Abfolge von Stimmen und stummen Passagen, die sich direkt an die Zuschauer-Zuhörer richten, die so ihre eigenen Schlussfolgerungen hinsichtlich der heutigen Relevanz Chinas und des Chinesisch-Sprechens ziehen können. Das Werk zeigt wie schwierig es ist, heute die Frage danach zu stellen, wer spricht. Indem es die Mannigfaltigkeit jeder Stimme verbirgt, zeigt und sucht es ein Verständnis für die Relevanz Chinas und des Chinesisch-Sprechens. Es zeigt, versteckt und sucht, indem es Situationen reproduziert, in denen „China" imaginiert wird, es setzt die Imagination außer Kraft, indem es den Imaginationsprozess als unbeholfen erscheinen lässt, und hinterfragt seinen Status als zeitgenössische Kunst im Hinblick auf das, womit es zeitgenössisch ist, nämlich „China" als einem Zeichen. Lassen Sie mich das erklären.

Verbergen – das Spezifische

In dem einen Video der Installation hören die Zuschauer Teenagern zu, die Mandarin als Fremdsprache sprechen und sich darin über China und das Chinesisch-Sein unterhalten.

„Moderne Chinesen würden nicht einfach zusehen, wie ein Mensch getötet wird", sagt ein Mädchen.

„Lu Xun entdeckte viele neue Dinge in Japan. [...] Er versuchte die chinesische Denkweise zu verändern. Aber es hat keinen Sinn, mit Leuten zu reden, wenn einem niemand zuhört und niemand reagiert. [...] Daher zog sich Lu Xun in ein altes Lagerhaus zurück, weil er mit niemandem

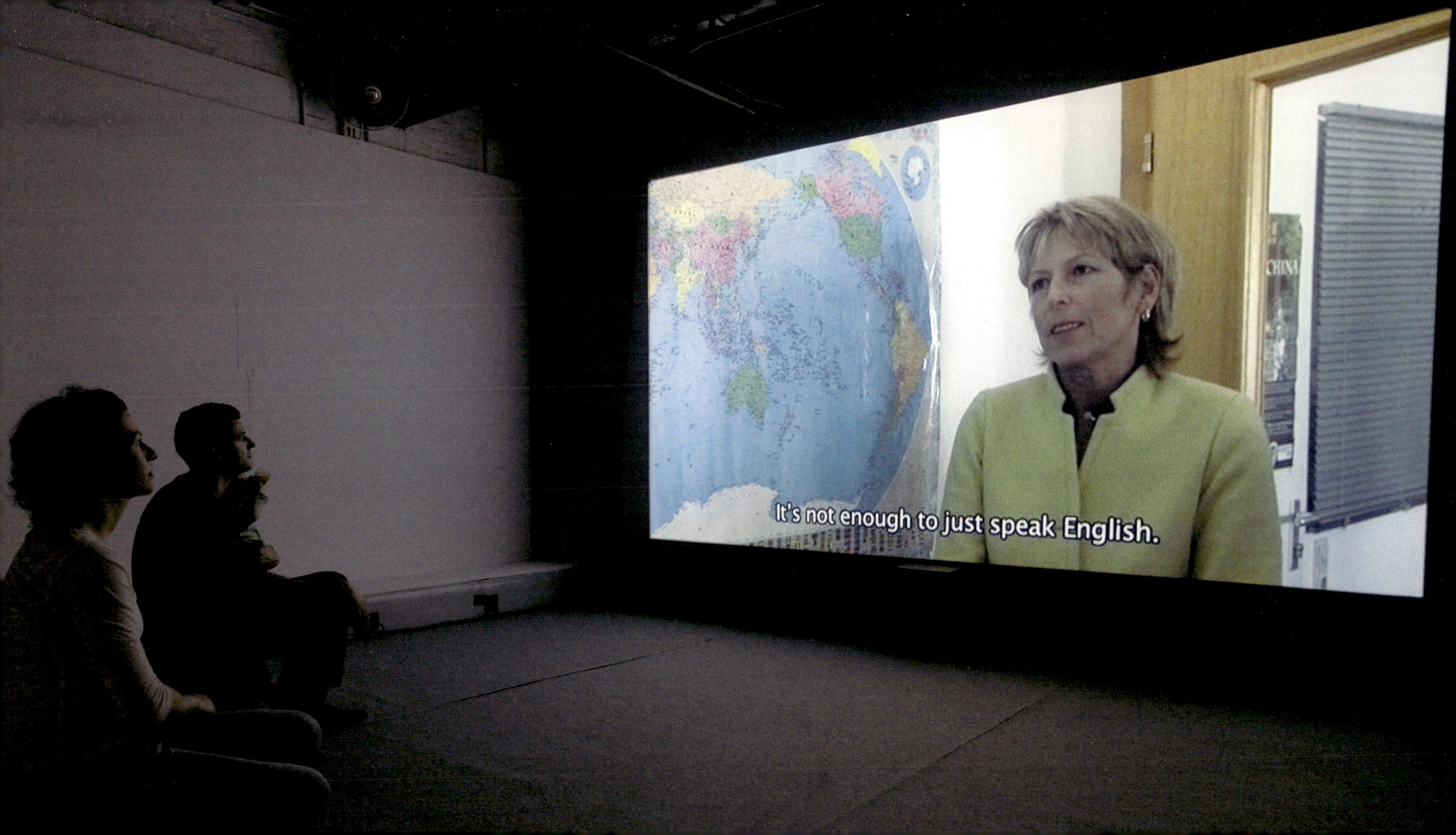
It's not enough to just speak English.

mehr zu tun haben wollte", sagt ein Junge.

„Vielleicht werde ich in Deutschland bleiben und einen Job als Lehrer finden. Hier ist es im Vergleich zu China gut ein Lehrer zu sein. In China ist es zu stressig", sagt ein anderes Mädchen.

Die Kamera ist so positioniert, dass sie als Zuhörer an den Monologen teilnimmt. Ich weiß warum ich sage, dass die jungen Leute Monologe halten statt miteinander zu sprechen. Auch wenn das Klassenzimmer die Möglichkeit zu einer Gruppendiskussion bietet, ist die Abfolge der Bilder so organisiert, dass man immer wieder Nahaufnahmen der Schüler sieht, während andere sprechen. Die Schüler schauen nicht in die Kamera, und sie schauen sich auch nicht gegenseitig an, sondern sie schauen in einen dritten Raum, an dem sie schräg vorbeisprechen, den sie ansprechen oder mit dem sie sprechen. Dieser dritte Raum ist dem Zuschauer-Zuhörer nicht zugänglich, und den Sprechern ist er nur insofern zugänglich, als sie sprechen, ohne jemals anzukommen. Aber auch dem Zuschauer-Zuhörer ist er nicht zugänglich, insofern sich die Schüler in einem Klassenzimmer befinden, legitimiert durch die explizite Absicht der Sprach- und Kulturlehrerin, die gute Seite „unserer Kultur" zu verbreiten, die sie mit den Schülern teilt, und alle diejenigen auszuschließen, die nicht auf ihrer Seite stehen. Die narrative Struktur des Videos hat keinen festen Anfang und kein festes Ende. Das Video stellt vielmehr die Frage, wo es herkommt und wo es hingeht.

Das zweite Video der Installation zeigt einen Erwachsenenkurs. Es nähert sich dem Thema auf andere Weise. Es hinterfragt nicht das Chinesisch-Sprechen an sich, sondern vor allem den Imperativ, auf Chinesisch sprechen zu müssen. Der Imperativ wiederholt sich selbst und wird so stark, dass „China" als ein Gegenstand zugänglich wird, der in den Gesprä-

chen hin und her wandert. Die Frage „China, ja, aber was hat es damit auf sich?" ist nicht mehr relevant.

„Ich freue mich, dich zu treffen. Wie heißt du?", sagt jemand.

„Ich bin in Deutschland aufgewachsen. Wenn ich eines Tages gut Hochchinesisch sprechen könnte, dann wäre das gut für meine nächste Chinareise", sagt ein anderer.

„Für Ausländer ist Hongkong ein Sprungbrett nach China, nicht wahr?", sagt jemand.

„Chinesisch ist eine Weltsprache", sagt noch jemand.

„Ich möchte, dass mein chinesischer Traum Wirklichkeit wird", sagt wieder ein anderer.

In beiden Videos ist der Zuschauer direkt als stiller Teilnehmer-Beobachter einbezogen, einmal auf sitzende, einmal auf stehende Weise. Ich meine, dass die bewusste Positionierung des Zuschauers in Beziehung zu den Chinesisch-Lernenden im Hinblick auf das Thema des Chinesisch-Sprechens mehreres bewirkt.

Zum einen reproduziert es die landläufige Erwartung bestimmter Körpergesten von Menschen unterschiedlicher ethnischer Zugehörigkeit: das authentische, entspannte, lässige Betragen des westlichen Weißen und andererseits der disziplinierte authentische Chinese, der sich stets den Forderungen der Konformität beugen muss. Doch diese Gesten müssen auch im Hinblick darauf gelesen werden, wie sie auf den physischen Raum im Video gerichtet sind. Das Video der erwachsenen Lernenden ist so gestaltet, dass es mehr Raum zwischen der Kamera und den Lernenden und mehr Raum zwischen den Lernenden selbst bietet, die Chinesisch in

by standing in relation to multilingualism as a project, a deliberate policy.

Chinese is a Plus is not about Hong Kong-China relations, but it offers vital space for the less familiar Hong Kong (i.e. from the Chinese nation's point of view) to question. *Chinese is a Plus* is not documentary videos of speakers of Chinese, but sequences of voices and silences aimed directly at viewer-listeners for their own implications in the relevance of China and speaking Chinese today. It shows the difficulty in asking the question of who speaks today. By hiding the multiplicity of each voice, it shows and seeks an understanding of the relevance of China and speaking Chinese. It shows, hides, and seeks by reproducing situations where "China" is imagined, suspending the imagination by making the process of imagination awkward, and raising questions about itself as contemporary art in terms of what it is contemporary with – "China" as a sign. Let me explain.

To hide – the specific

In one video of the installation, viewers listen to young people in their teens speaking in Putonghua as a foreign language, about China and being Chinese.

"Modern Chinese people wouldn't just watch a person be killed," says a girl.

"Lu Xun discovered many new things in Japan …he tried to change the Chinese way to think. But it's useless to talk to people when no one listens to you, and no one reacts… so Lu Xun retreated to an old warehouse because he didn't want to have anything to do with anyone anymore," says a boy.

"Maybe I will stay in Germany, find a job as a teacher. Here, being a teacher is good, compared to China. In China it's too stressful," says another girl.

The camera is positioned as participating in the monologues, as listener. I have reasons for describing the young people as performing monologues rather than talking to each other. While the classroom situation presents the possibility of a group discussion, the images are sequenced in such a way that close-up shots of students are inserted as others are speaking. Students look not into the camera, not at each other, but into a third space that they obliquely speak past, speak to and speak with. This third space is not accessible to the viewer-listener, and is accessible to the speakers only insofar as they are speaking without ever arriving. It is also not accessible to the viewer-listener insofar as the students are in a classroom, legitimated by the declared purpose of the teacher of language and culture – to spread the good side of "our culture" she shares with the students, exclusionary of those who are not on her side. The video does not narrate with a fixed beginning and a fixed end. It asks where it comes from and where it is going.

The other video shows the adults class and works on its subjects in different ways. It takes issue not with speaking Chinese, but more primarily, the imperative to speak in Chinese. This imperative repeats itself to become so strong that "China" becomes accessible as an object passed between conversations. The question of "China, yes, but what about it?" is no longer relevant.

"I am happy to meet you. What's your name?" says one.

"I grew up in Germany. If I could someday speak high Chinese well, it would be good for my next trip to China!" says another.

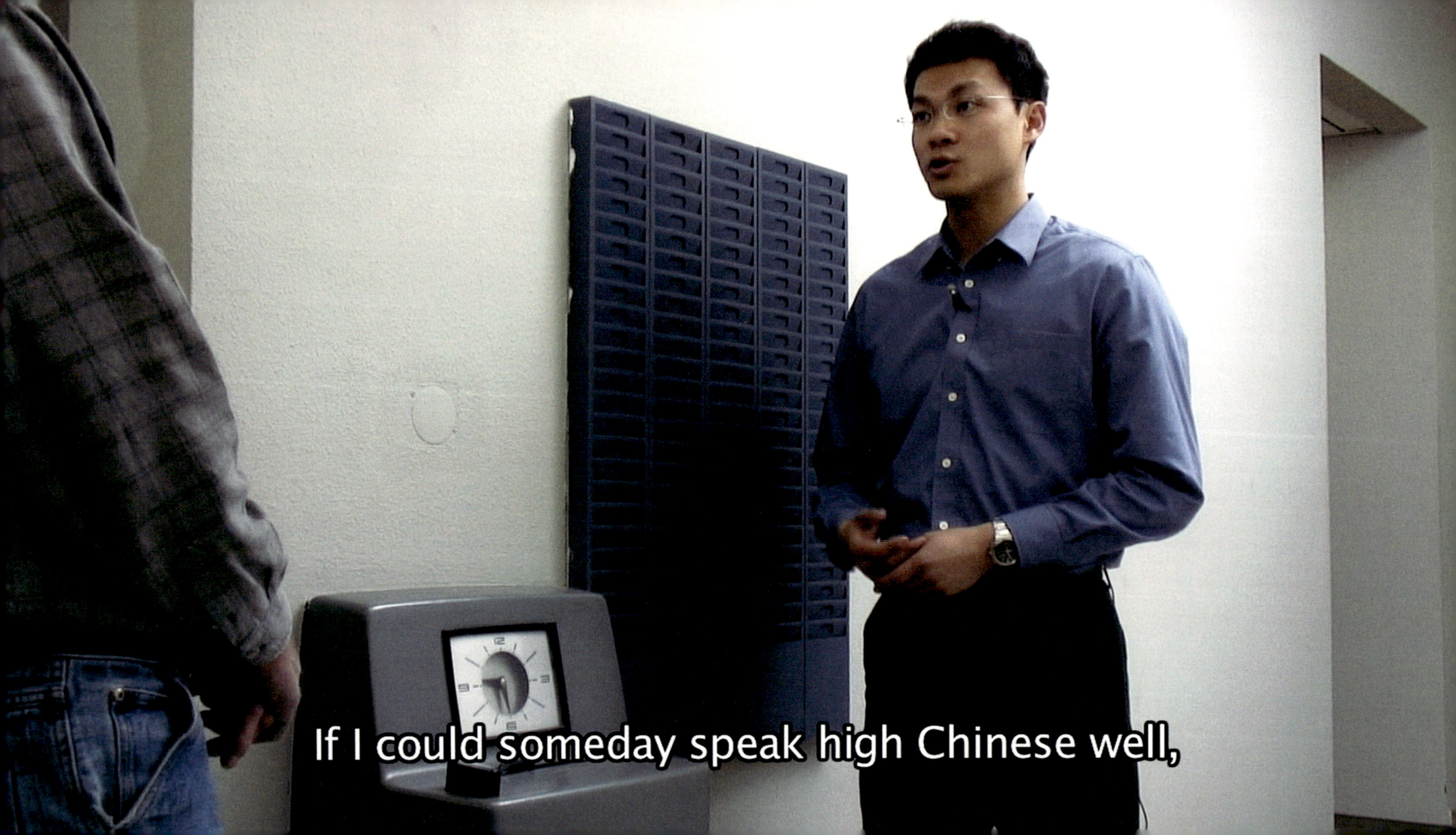
If I could someday speak high Chinese well,

"For foreigners, Hong Kong is a springboard to China, isn't it?" says one.

"Chinese is a world language," says another.

"I want to make my Chinese dream a reality," says one.

In both videos, the viewer is directly involved as a silent participant-observer, but in one video, sitting, while in the other, standing. I propose there are several things the conscious positioning of the viewer in relation to the Chinese learners does to the issue of speaking Chinese.

One is that it reproduces the received expectation of bodily gestures of people of different ethnicities: the authentic white Westerner's relaxed, casual comportment, and on the other hand, the disciplined authentic Chinese always subjected to the demands of conformity. But these gestures must also be read in relation to how they are directed towards physical space in the video. The video of adult learners is framed as offering more space between the camera and the learners and more space between the learners themselves speaking Chinese in more spacious settings. And yet, the adult learners are visibly focused on the inner circle between the groups of two or three, each contributing to the continuous flow of conversation in Chinese, struggling with speaking in the right tone, presenting their names. The viewer becomes a silent participant-observer who is ignored. On the other hand, the younger learners concern themselves with questions of what it means to be Chinese. These questions come into processes of personalization, of taking these questions to be mine, but not fully so. Here, the viewer becomes a silent participant-observer who is acknowledged as constituting this outside of their speech, this otherness that their speech can do nothing about but reveal.

Between acquiring a new language that is not yet social, by which I mean being with each other as the adult learners are, and acquiring a new language that is always already collective, by which I mean being with each other for a common purpose as the young learners are expected to, the political is visualized as a process in erasure. By political, I mean the recognition of not just the presence of each other, being in the presence of each other, but also the difference of each other, hence the general plurality of the human condition in which one acts and makes changes. Speaking becomes light in weight – the adult learners for fear of dead air, and the youthful learners for the weight of silence. Juxtaposed against each other, the videos mark the epoch of how speaking a particular Chinese comes into procedures of naturalization; processes from above and from the outside that tame the other in the interest of an existing regime of power.

To speak is also to say in silence, "Listen to me." *Chinese is a Plus* shows the multiplicity of each voice by hiding it. In each line of spoken Chinese shown, there is a hidden language to which access is forbidden. I speak in one, muting another. I listen in difficulty, because I was listening for the right tone, the right words, not to what is spoken. I listen to what is not addressed to me, and to my not being listened to. As the Chinese students are subject to the demands of speaking Chinese, identifying with China, and identifying with the good China, the situation of learning a new language that the video posits demands that we address and question the assumptions we have of such a thing as authentic Chineseness. It reveals the tension in the project of globalizing Chinese as a world language, and domesticating Chinese in lived situations. It is in the tension of domestication and globalization that the work plays on the limits of shifting attention, between named and anonymous subjects. While in conversation,

einem geräumigeren Umfeld sprechen. Und doch sind die erwachsenen Lernenden deutlich auf den inneren Kreis der Gesprächsgruppen aus zwei oder drei Sprachschülern fokussiert, von denen jeder zu dem kontinuierlichen Gesprächsfluss auf Chinesisch beiträgt, Mühe hat, den richtigen Ton zu treffen, und seinen Namen zu nennen. Der Zuschauer wird zu einem stummen Teilnehmer-Beobachter, den man nicht zur Kenntnis nimmt. Andererseits befassen sich die jüngeren Lernenden mehr mit der Frage, was es bedeutet, chinesisch zu sein. Diese Fragen werden Teil eines Personalisierungsprozesses, in dessen Verlauf sie, wenn auch nicht vollständig, als ihre eigenen Fragen begriffen werden. Hier wird der Zuschauer zu einem stummen Teilnehmer-Beobachter, der das Außerhalb ihrer Rede darstellt, jene Andersheit, die ihr Sprechen zwangsläufig zutage fördert.

Zwischen dem Erwerb einer neuen Sprache, die noch nicht sozial ist (damit meine ich, dass man zusammen ist, wie dies die erwachsenen Lernenden sind) und dem Erwerb einer neuen Sprache, die immer schon kollektiv ist (damit meine ich, dass man um eines gemeinsamen Zieles willen zusammen ist, wie man dies von den jungen Lernenden erwartet) wird das Politische als ein Prozess des Auslöschens ins Bild gesetzt. Mit politisch meine ich die Anerkennung nicht nur der gegenseitigen Gegenwart, des In-Gegenwart-voneinander-Sein, sondern auch die Verschiedenheit voneinander, mithin die allgemeine Vielfalt der conditio humana, in der man handelt und Veränderungen vornimmt. Sprechen wird zu etwas Leichtgewichtigem, für die erwachsenen Lernenden aus Furcht vor einer ‚Sendepause' und für die jugendlichen Lernenden aufgrund des Gewichts der Stille. Nebeneinander gestellt kennzeichnen die Videos die Epoche dessen, wie das Sprechen eines bestimmten Chinesisch in Naturalisierungsprozesse einfließt: Prozesse, die von oben und von außen beeinflusst werden und den anderen im Interesse der derzeitigen Machthaber ‚zähmen'.

Sprechen bedeutet auch, stumm zu sagen „Hör mir zu." *Chinesisch von Vorteil* zeigt die Mannigfaltigkeit jeder Stimme, indem es sie verbirgt. In jeder Zeile mit gesprochenem Chinesisch gibt es eine verborgene Sprache, zu der der Zugang untersagt ist. Ich spreche in der einen Sprache und bringe die andere dadurch zum Verstummen. Ich höre mühsam zu, weil ich auf den richtigen Ton geachtet habe, auf die richtigen Worte, nicht auf das, was gesagt wird. Ich höre auf das, was nicht an mich gerichtet ist, und darauf, dass man nicht auf mich hört. Da die chinesischen Schüler der Forderung unterworfen sind, Chinesisch zu sprechen, sich mit China zu identifizieren, und zwar mit dem guten China, verlangt die Situation des Erlernens einer neuen Sprache, die das Video postuliert, dass wir die Prämissen, die wir im Hinblick auf so etwas wie authentisches Chinesisch-Sein haben, thematisieren und hinterfragen. Es enthüllt die Spannung innerhalb des Projektes, Chinesisch als Weltsprache zu globalisieren und Chinesisch in gelebten Situationen zu domestizieren. Genau in der Spannung zwischen Domestizierung und Globalisierung spielt das Werk mit den Grenzen einer wechselnden Aufmerksamkeit, zwischen beim Namen genannten und anonymen Protagonisten. Während jeder Protagonist den anderen und sich selbst im Gespräch beim Namen nennt, wird der Prozess, einander beim Namen zu nennen in dem Imperativ, eine Fremdsprache zu sprechen, ein Prozess, in dem man einander namenlos macht, ein Prozess, in dem einen der Name weggenommen wird, Anonymität stattfindet und Gestalt annimmt, damit das Gespräch weitergehen kann.

Der langsame und repetitive Prozess der Lernenden verändert die Intention der Zuschauer: Sie achten nicht mehr auf sie, sondern sie hören ihnen zu, bis zu jenem Punkt, an dem man hinterfragt, warum man auf Atemräume, Intervalle und die Monotonie des Tones hört, wenn nicht darum, weil sie Chinesisch sprechen, über China sprechen.

each subject names the other and oneself, the process of naming each other in the imperative to speak in a foreign language becomes a process of rendering each other nameless, a process of taking the name away, of anonymity taking place, taking shape, necessary for the conversation to go on.

The slow and repetitive process of the learners changes the viewers' intention from listening for to listening to, to the point of questioning why breathing spaces, intervals and the monotony of tone is listened to if not for their speaking Chinese, speaking about China.

What is it about speaking Chinese today that requires contemporary art's attention and critical reflection? I am not thinking of any notion of pure art that has some better business to do than making itself relevant to society, but rather, how the conditions of contemporary art's production, circulation and communication are changing to demand that it questions its relevance to speaking in Chinese, speaking of China – speaking Chinese as compulsory cultural exchange with the chosen nation, and speaking Chinese as one among many manifestations of China that contributes to the "global sustainability", if there is such a thing, of contemporary art. *Chinese is a Plus* is contemporary art that raises questions about that which it is contemporary with, that puts itself into questions.

To seek

In hindsight, it may be worth mentioning that I first met Sylvie and Frank at an opening reception in Hong Kong of an exhibition that congratulates itself for making its way to Hong Kong and Asia, for successful cultural export to Asia. The fact that we met as cultures were being exchanged as art (and art being exchanged as cultures) is important, because we were attracted to each other as lost souls in the marketing sprawl, the compulsory critique of it as the hegemonic mode of art exchange, and the migration and displacement, the arrival and departure of cultures in art as a context against which cultures are traded.

And we keep speaking of other things.

To the subjects in *Chinese is a Plus*, I long to say, "Your words keep hitting my face, insisting that a dialogue configures. Like a lump, your words won't let go of their hold on your body exposed."

To the subjects absent from *Chinese is a Plus*, the many keeping watch, myself included, I long to say, "Open your lips, but do not open them simply. I do not open them simply…From your/my lips, several songs, several ways of saying echo each other. For one is never separable from the other. You/I are always several at the same time."[3]

How does gravity navigate into lightness? When nothing matters than what could have been said, and the recognition of what could have been said.

[1] Laikwan Pang & Kwai-Cheung Lo, "Hong Kong: ten years after colonialism" in Postcolonial Studies Volume 10, Issue 4, December 2007, pps. 349-356.

[2] Chow, Rey, Writing Diaspora, Tactics of Intervention in Contemporary Cultural Studies, Bloomington and Indianapolis: Indiana University Press, 1993, pg. 149.

[3] Irigaray, Luce, "When Our Lips Speak Together" in Journal of Women in Culture and Society, 1980, Vvol.6, Nno.1, pg.72.

Warum verlangt heute Chinesisch zu sprechen die Aufmerksamkeit und kritische Reflexion seitens der zeitgenössischen Kunst? Ich denke nicht an irgendeinen Begriff reiner Kunst, der etwas Besseres zu tun hat, als sich selbst für die Gesellschaft relevant zu machen. Vielmehr denke ich daran, wie die Bedingungen der zeitgenössischen Kunstproduktion, -zirkulation und -kommunikation sich so verändern, dass die Kunst ihre Bedeutung hinterfragt in Bezug auf das Chinesisch-Sprechen, das Über-China-Sprechen, das Chinesisch-Sprechen als obligatorischen Kulturaustausch mit der gewählten Nation, und Chinesisch-Sprechen als eine von vielen Manifestationen Chinas, die zur „globalen Nachhaltigkeit" von zeitgenössischer Kunst beitragen, wenn es so etwas überhaupt gibt. *Chinesisch von Vorteil* ist zeitgenössische Kunst, die Fragen nach der eigenen Zeitgenossenschaft aufwirft und diese selbst in Fragen kleidet, in Frage stellt.

Suchen

Im Nachhinein darf ich vielleicht erwähnen, dass ich Sylvie und Frank auf einer Vernissage in Hongkong kennengelernt habe. Es war eine Ausstellung, die sich selbst dazu gratulierte, es nach Hongkong und Asien geschafft und damit einen erfolgreichen Kulturexport zustandegebracht zu haben. Die Tatsache, dass wir uns in einem Kontext kennenlernten, in dem Kulturen als Kunst ausgetauscht wurden – und Kunst als Kulturen ausgetauscht wurden – ist wichtig, weil wir uns als verlorene Seelen in diesem Marketingmeer voneinander angezogen fühlten, von der zwingenden Kritik daran als hegemonialer Form des Kunstaustauschs und der Migration und Entortung, der Ankunft und Abfahrt von Kulturen in der Kunst als einem Kontext, in dem Kulturen gehandelt werden.

Und wir sprechen auch weiterhin von anderen Dingen. Den Protagonisten in *Chinesisch von Vorteil* möchte ich sagen: „Eure Worte treffen mein Gesicht weiterhin, beharren darauf, dass ein Dialog entsteht. Wie eine Geschwulst haften eure Worte an euren bloßgestellten Körpern." Denjenigen, die in *Chinesisch von Vorteil* nicht anwesend sind, den vielen, die die Sache genau im Auge behalten, mich selbst eingeschlossen, möchte ich sagen: „Öffnet eure Lippen, aber öffnet sie nicht einfach. Ich öffne sie nicht einfach … Von euren/meinen Lippen bilden mehrere Lieder, mehrere Ausdrucksweisen einen Widerhall aufeinander. Denn das eine lässt sich nie vom anderen trennen. Du/ich sind immer mehrere zur gleichen Zeit."[3]

Wie geht Schwere in Leichtigkeit über? Wenn nichts zählt als das, was hätte gesagt werden können, und die Anerkennung dessen, was hätte gesagt werden können.

Übersetzung aus dem Englischen: Nikolaus G. Schneider

[1] Laikwan Pang und Kwai-Cheung Lo, „Hong Kong: ten years after colonialism" in: Postcolonial Studies, Bd. 10, Heft 4, Dezember 2007, S. 349-356.

[2] Rey Chow, Writing Diaspora, Tactics of Intervention in Contemporary Cultural Studies, Bloomington und Indianapolis 1993, S. 149 [Indiana University Press].

[3] Luce Irigaray, „When Our Lips Speak Together", in: Journal of Women in Culture and Society, 1980, Bd. 6, Nr. 1, S. 72.

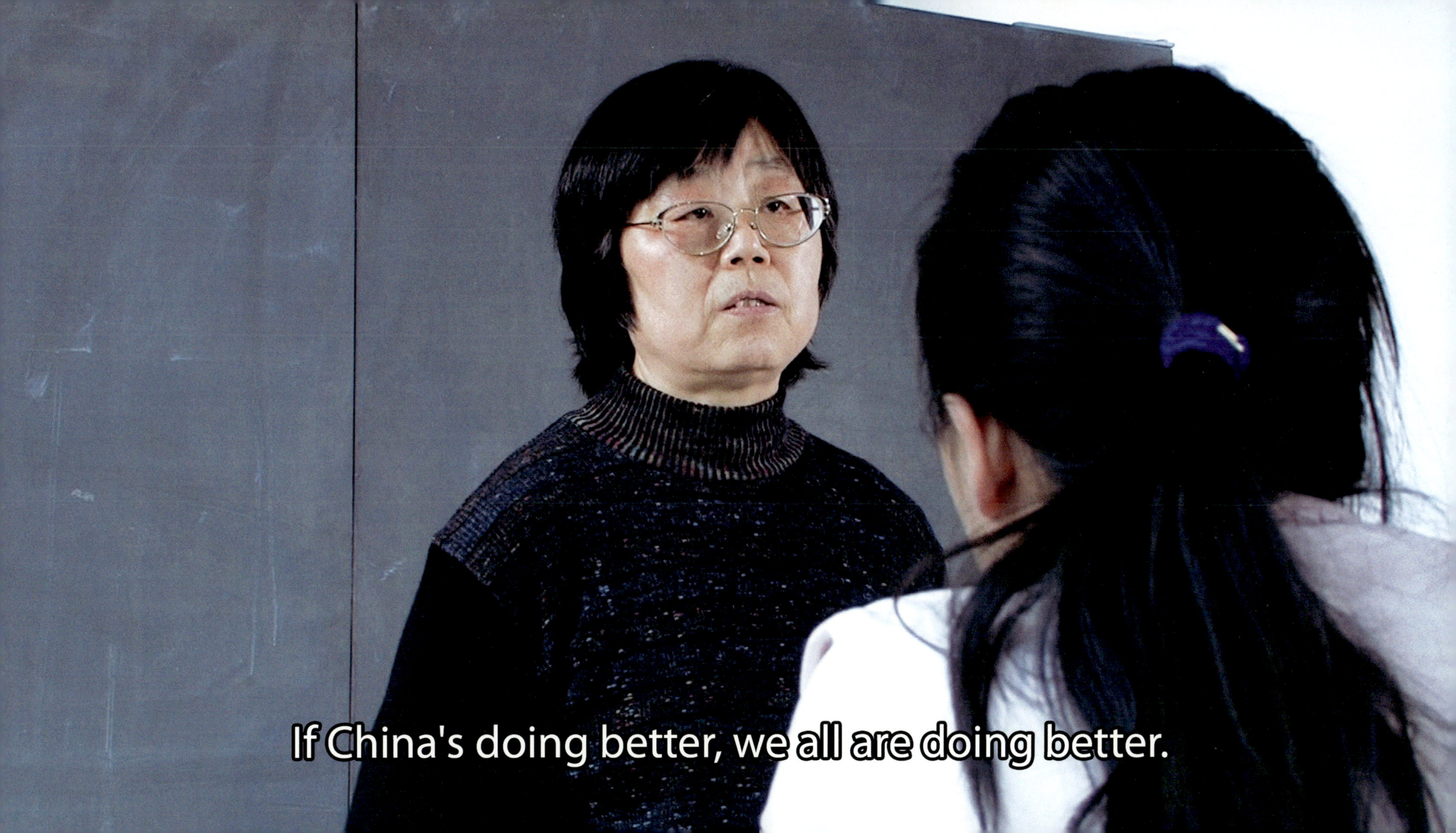
If China's doing better, we all are doing better.

On Thu, 13 Mar 2008 10:49:43 +0100
<info@filmerei.de> wrote:

> Sehr geehrter Herr Prof. Kubin,

Wir sind zu unserem Glück in der Solitude Bibliothek völlig zufällig
auf die von Ihnen herausgegebene Gesamtausgabe Lu Xuns
gestoßen. Seine Werke haben uns sofort begeistert. Wir haben das
Vorwort zu Applaus den Kindern zu lesen gegeben, in der Lu Xun
seine Biographie zwischen östlicher und westlicher Kultur, Studium
und schliesslich Literatur darstellt. Die Kinder erzählen Passagen
aus dem Text nach, andere sprechen von ihren eigenen Ansichten
über China.

Wir möchten Sie zu unserem Projekt noch folgendes fragen:
Zur Übersetzung des Titels: Die Schüler waren der Ansicht, dass
„Nahan" eher dem deutschen „Aufruf" entspräche, warum lautet
die Übersetzung „Applaus". Eine ältere Ausgabe übersetze den
Titel mit: „Aufruf zum Kampf".

Wir lasen in Artikeln aus dem Internet, dass Lu Xuns Texte in
chinesischen Schulen durch populäre Kung Fu Romane von Louis
Cha alias Jin Yong ersetzt wurden. Stimmt das tatsächlich? Wie
beurteilen Sie diesen Schritt? Welche Rolle spielen die Kung Fu
Literatur und die Filme innerhalb der chinesischen Kultur? Welche
Bedeutung steckt hinter diesem Genre und seiner formalen
Gesetze? (ist es beispielsweise von ähnlicher Bedeutung für die
chinesische Kultur wie der Western für die amerikanische)?

> Mit den besten Grüssen
>
> Sylvie Boisseau und Frank Westermeyer

Liebe Freunde,
ich bin in Peking und habe Computerprobleme. Nahan hat
einen christlichen Hintergrund. Bitte lesen Sie meine
Schriften. Jin Yong ist der Karl May von China. Auch hier
lesen Sie bitte, was ich geschrieben habe. Ihr
Gu Bin aus Peking

On Mon, 22 Sep 2008 13:27:29 +0200
   Boisseau & Westermeyer <info@filmerei.de> wrote:
> Lieber Wolfgang Kubin,
> Wir sind jetzt dabei den Katalog vorzubereiten, dessen
> Ziel es ist unsere
> künstlerische Forschung in ihren Bezügen darzustellen.
> Einen 2 seitigen
> Ausschnitt von Lu Xuns Text Nahan auf Deutsch abdrucken
> zu können wäre für uns sehr wichtig.
> Mit den besten Gruessen
>
> Sylvie Boisseau & Frank Westermeyer
>

Liebe Lu Xun-Fans,
natürlich freue ich mich über Ihren Abdruck, aber müssten
Sie das nicht mit dem Verlag absprechen? Ich bin derzeit
in Shanghai und versuche, Lu Xun zu vermitteln. Taube
Ohren. Insofern freut mich Ihr Engagement! Herzlichst
Ihr W. Kubin

Wolfgang Kubin ist ein deutscher Sinologe, Übersetzer und Schriftsteller.
2007 erhielt er in Peking den bedeutendsten Literaturpreis des chinesischen
Sprachraumes, den Pamir International Poetry Price.

< On Thu, 13 Mar 2008 10:49:43 +0100
info@filmerei.de> wrote:
> Dear Professor Kubin,
>
> We, to our great pleasure, have absolutely coincidentally stum-
bled upon the entire works of Lu Xun, published by you, in the
Solitude library. We were immediately thrilled with his works. We
gave the foreword to "Nahan" to read to the children, in which Lu
Xun represents his biography between eastern and western culture, study, and finally literature.

> The children recount passages from the text, and then speak
about their own views on China. We would like, for our project, to
ask the following:
> On the translation of the title:
> The students were of the view that "Nahan" would come clos-
est to the German "Aufruf" (and English "Appeal"). So why is the
translation called "Applause"? An older edition translated the title
as Aufruf zum Kampf (which is close to the common English translation Call to Arms).

We read in articles on the internet that Lu Xun's texts were re-
placed in Chinese schools by popular Kung Fu novels by Louis Cha
alias Jin Yong. Is this really true? What do you think of this step?
Which roles do Kung Fu literature and film play within Chinese
culture? What meaning is hidden in this genre and its formal
rules? (is it, for example, similar in meaning to Chinese culture as
Westerns are to American culture?)

With best regards,
>
> Sylvie Boisseau and Frank Westermeyer

Dear Friends,
I'm in Peking and am having computer problems. Nahan has a
Christian background. Please refer to my writings. Jin Yong is the
Karl May of China. Here, too, please read what I've written.
Sincerely yours,
Gu Bin from Peking

On Mon, 22 Sep 2008 13:27:29 +0200
  Boisseau & Westermeyer <info@filmerei.de> wrote:
> Dear Wolfgang Kubin,
> We're in the middle of preparing a catalog with the goal of rep-
resenting our artistic research within its context. Would we be able
to print a two-page excerpt from Lu Xun's text Nahan in German?
It would be really important to us.

> With best regards,
>
> Sylvie Boisseau & Frank Westermeyer
>
>

Dear Lu Xun fans,
Of course I'm enthused about your reprint, but wouldn't you have
to speak to the publisher about it? I'm presently in Shanghai and
am attempting to convince them about Lu Xun. Deaf ears. In this
respect I'm happy about your motivation and involvement!
Kindest regards, yours, W. Kubin

*Wolfgang Kubin is a German sinologist, translator and author. In 2007 he re-
ceived the most important Chinese literature prize, the Pamir International
Poetry Price.*

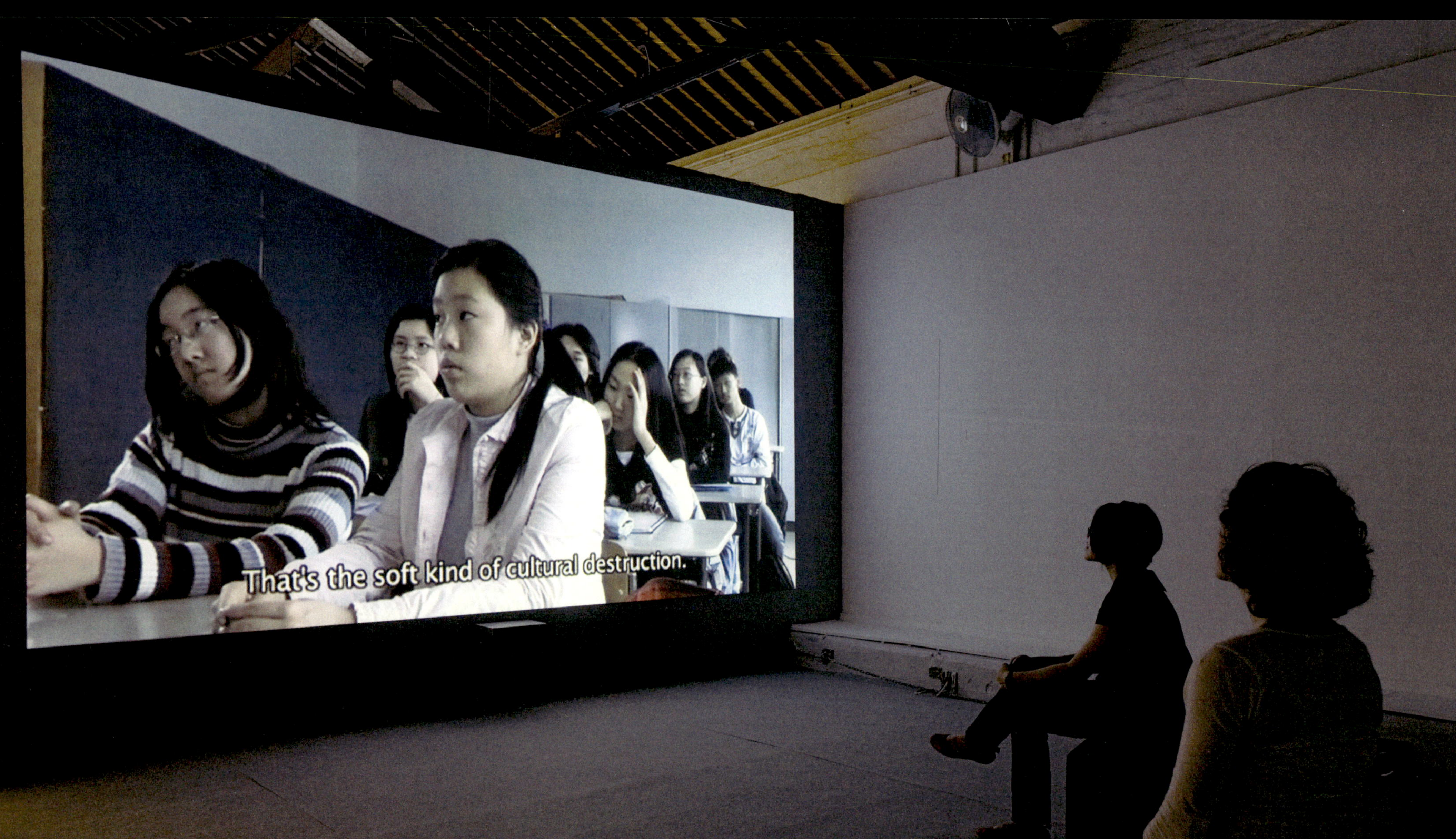
That's the soft kind of cultural destruction.

Abspann
Credits

Chinesisch von Vorteil
Chinese is a Plus

HD Video

Doppelprojektion
Two screen projection

Länge Duration
Video 1: 18:53
Video 2: 17:50

Einkanal Fassung
One channel version
40 Min

Darsteller Cast

Die Kinder The children

Yuanzhe Deng
Melanie Zhang
Lukas Zhang
Zhicheng Chen
Vivien Wang
Jack Zhang
Xinyue Chen
Maria Zhu
Ge Cao

Lehrerin Teacher

Langfang Fan

Die Erwachsenen The adults

Christine Bandt
Andreas Breuer
Huan Dao
Dagmar Guertler
Rainer Proffen
Jan Riedel
Wilhemine Schnichels
Danica Schwuchow
Borja Tena
Frank Westermeyer

Drehbuch Script

Sylvie Boisseau & Frank
Westermeyer mit den Darstellern
with the performers

Regie Directing

Sylvie Boisseau & Frank
Westermeyer

Kamera Cinematography

Frank Westermeyer
Sylvie Boisseau
Malaka Dewapriya
Benjamin Nolde

Schnitt Editing

Sylvie Boisseau

Tonaufnahme Sound recording

Frank Westermeyer

Tonmischung Sound mixing

Adrien Kessler

Postproduktion Postproduction

Bohdan Stehlik
Frank Westermeyer

Übersetzungen Translations

Dr. Fang Wang
Kimberley Bradley

Produktion Production

filmerei
Akademie Schloss Solitude

DANKSAGUNGEN
We would like to thank

Gudrun Boisseau
Michel Boisseau
Katja Clos
Cornelia Erdmann
Langfang Fan
Jean-Baptiste Joly
Michael Müller-Verweyen
Lisa Steele
Kim Tomczak
Fang Wang ICSKS
Karin Westermeyer
Ingrid Wildi

Biographien Biographies

Sylvie Boisseau * Paris 1970
Frank Westermeyer * Essen 1971

Sylvie Boisseau & Frank Westermeyer leben und arbeiten in Düsseldorf und Genf live and work in Düsseldorf and Geneva
Seit 1996 gemeisame künstlerische Arbeiten colloboration since 1996

Preise, Stipendien, Wettbewerbe Awards, Grants, Competitions

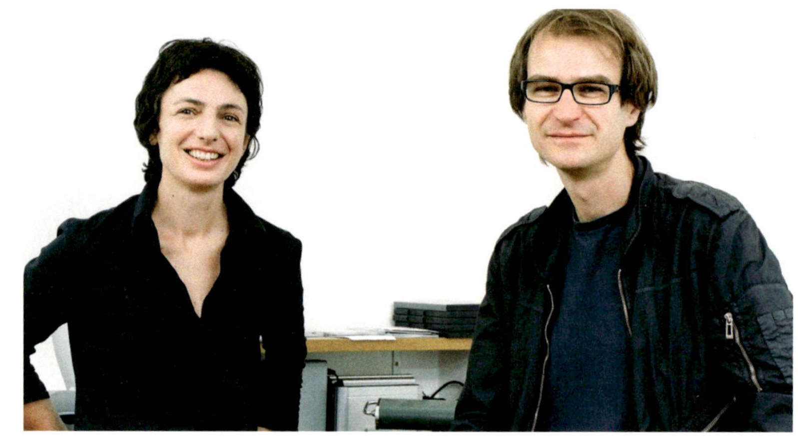

2009   Arbeitsstipendium Grant Stiftung Kunstfonds, Bonn

2009   Residenz fellowship Künstlerhäuser Worpswede

2008   Residenz fellowship Akademie Schloß Solitude

2004   DAAD Dozentur Stipendium teaching grant Chicago, USA

2003   1. Preis, Wettbewerb „Mimikry" 1st prize, competition "Mimicry",
        Kunstfest Weimar (S. Boisseau)
        Bester ausländischer Film best foreign film, Der freie Mensch,
        Red Bank Int. Filmfestival, Red Bank, New Jersey, USA

2002   „Cineric" Preis prize New York Film and Video Expo, NYC

2000   Großer Preis der Jury grand jury prize Moi vu par …
        13. Internationales Bochumer Videofestival

1999   DAAD Stipendium für grant for Paris

1998   Bester Film Best Film Award Meine Familie und Ich, Cinematexas
        International Filmfestival, Austin, USA
        Preis für award for Meine Familie und Ich, Festival Blicke aus
        dem Ruhrgebiet

1995   Kunstförderpreis der Stadt art award from the city of Herne
        (F. Westermeyer)

Einzelausstellungen Solo Exhibitions

2009   Chinese is a Plus, V-Tape, Toronto, Canada

2009   Chinesisch von Vorteil, Akademie Schloss Solitude, Stuttgart

2008   Mobility: Chinese is a Plus, 1a space, Hong Kong

2006   Copy and paste, Centre pour l'image Contemporain, Geneva

2005   Take Care, ACC Galerie Weimar

Gruppenausstellungen Group Exhibitions

2010   Dislocacion, Museo des Artes Visuales, Santiago de Chile

2009   Zonoff Café, Labo, Geneva

2008   Video: Düsseldorf/Riga, Kunstraum Düsseldorf, Katalog -
        catalogue
        Video: Düsseldorf/Riga, ANDREJSALA / LCCA Latvian Center for
        Contemporary Art, Riga, Lettland
        Fetish and consumption, Akademie Schloss Solitude, Stuttgart,
        Katalog catalogue

Die Angst reist immer mit, neues Problem, Berlin

2007 Sterne aus dem Videopalast, General Public, Berlin, NoD, Prag
Je est il, Je sont ils ?, Centre d'art contemporain Meymac, F
Eroi! Come noi...? (Heroes! Like us?), Palazzo delle Arti Napoli, It, Katalog catalogue
Der zweite Blick, Kunsthaus Erfurt, D
Art_Clips ch.at.de, ZKM, Karlsruhe

2006 Happy Believers, 7. Werkleitz Biennale, Halle, D
Art_Clips ch.at.de performativ, Kunstraum Innsbruck, At
Eastern Alliance, National museum for contemporary art, Bucharest, Romania
Eastern Alliance, centre for contemporary art Chişinău, Moldova
Glückauf, Neues Problem, Berlin

2005 Modell - Verpasste Gelegenheit, Kunstverein Potsdam
La Bauhaus si muove, Chiesa di San Paolo, Modena, Katalog catalogue
30+, Neues Problem, Berlin

2004 eof, Paris

2002 Europa video arte, Modena, It, Katalog catalogue
Landeskunstausstellung Thüringen, Kunsthalle Erfurt, D

2001 Leposte, Galerie Public, Paris, Katalog catalogue
Looping Kunstverein Erfurt, D

1997 Klasse Ursula Wevers, Film Museum Düsseldorf

1995 Vom Einspänner zur Melange, Stadtmuseum Düsseldorf

Interventionen im öffentlichen Raum Interventions in Public Space

2009 Teilnahme (Einladung) zum Wettbewerb: Denkmal zum Gedenken an die politisch Verfolgten in der SBZ und in der DDR zwischen 1945 und 1989, Jena
Participation (on invitation): Competition for a monument to remember the victims of political persecution in the German Democratic Republic between 1945 and 1989

2007 Entwurfswettbewerb, Denkmal zur Ehrung Willy Brandts Competition for a monument for Willy Brandt, Erfurt, D
letzte Wettbewerbsrunde final round

2006 Drive in Meeting area, Migrations Art-Chêne, Geneva, CH

2005 Der Trampelpfad als Volksskulptur The Trail as the Sculpture of the People, Weimar, D

2004-05 Briefkasten – ohne Leerung Mailbox – without Collection, Gropiusstadt, Berlin, jetzt Kunstsammlung now in the art collection of Museumsstiftung für Post und Kommunikation, Frankfurt/Main

2004 Verführung, Audioinstallation, Weimar

2003 Baldachin privat – öffentlich Canopy Private – Public, Weimar

2003-05 Briefkasten – ohne Leerung Mailbox – without Collection, Weimar, heute vor dem today in front of the Thüringisches Landesmuseum für Ur- und Frühgeschichte

2002 Disparaître - apparaître, Videoinstallation, Stadtraum Weimar

Festivalteilnahmen (Wettbewerb) Filmfestivals (Competitions)

2009 Experimental Film and Video Festival in Seoul, Korea
Dokumentarfilmwoche, Hamburg

2008 Duisburger Filmwoche, Duisburg

2005 VAD festival for digital arts, Girona, ES
transmediale, Berlin
European Media Art Festival, Osnabrück

Mediaart Friesland, Leuwarden, NL
Internationales Kurzfilmfestival Hamburg
2004 Filmwinter Stuttgart
Zebra Poetry Clip Festival, Berlin
International Video Art Show of Alcoi, Valencia, ES
Video- und Dokumentarfilmfestival Kassel
2003 Kurzfilmfestival Hamburg
Red Bank Filmfestival, New Jersey, USA
Visionaria Festival, Siena
Femme totale, Dortmund
2002 Filmfest Dresden,
Internationale Kurzfilmtage Oberhausen
Internationales Videofestival Bochum
Kunstfilm Biennale, Filmfestival München
Cinematexas, Austin Texas, USA
Interfilm Festival Berlin
International Filmfestival Winterthur, CH
Back-Up Festival Weimar
Video- und Dokumentarfilmfestival Kassel
International Filmfestival Rotterdam
PEK Festival, Den Haag
2001 transmediale, Berlin
Cinematexas, Austin Texas, USA
Filmwinter Stuttgart
2000 Internationales Videofest Bochum
Internationale Kurzfilmtage Oberhausen
European Media Art Festival, Osnabrück
27. Seh-Süchte, Potsdam Babelsberg

Video- und Dokumentarfilmfestival Kassel
Back-Up Festival Weimar
Festival Nacional de Video, Ovar, Portugal
1999 transmediale, Berlin
23. Int. Sehsüchte Potsdam
Hors Circuit, Paris/Berlin
4ième Manifestation Int. Vidéo et Art Électronique, Montreal, Canada
1998 Cinematexas Filmfestival, USA
Internationale Kurzfilmtage Oberhausen
Videonale 8, Bonn

Kuratierte Screenings (Auswahl)
Curate Screenings (selection)
2008 Kubrick, Hongkong
2007 Goethe Institut, Mexiko City
Werkschau Work Exhibition Filmwinter, Stuttgart
Videos von by Boisseau & Westermeyer, Frise, Hamburg
2006 Kyoto Seika Cinema, Kyoto, Japan
Loop Pool, Kurzfilmtage Oberhausen, kuratiert von curated by raumfuerprojektion
2005 Die neue (Un)-Sicherheit? Taktiken der Ver(un)sicherung Badischer Kunstverein, Karlsruhe
Heimat Moderne. Experimentale 1, Leipzig
Carte Blanche an to Corinna Schnitt, Filmmuseum Vienna
Biennale Image en mouvement, Centre pour l'image contemporain, Geneva
2003 Black Nights Filmfestival, Talinn, Estland

2002   Goethe Institut Alexandria and Cairo, Egypt
2001   Videomarathon, Art in General Gallery, New York City
2000   The Void, New York City
        Galerie Chez Valentin, Paris
        Kunstkino, Art Frankfurt
1999   Lothringer 13, München
        MK2 Project Café, Paris

Videoarbeiten Video Works

2006   Copy & Paste, Videoinstallation
2005   Flagman, Videoloop
2005   Förderkreis, 7 Kanal Videoinstallation
2005   Join a world of 150 Million French Speakers - a video with the
        groupe du mercredi, 7 Min
2004   Der Optionist, 4:30 Min
2002   Filiation, Video 30 Min
2001   Der freie Mensch The Free Man, 4 Min
2000   Paris - Weimar, Video 12 Min
1999   Moi vu par..., Video 18 Min
1998   Popcorn, 3 Kanal Videoprojektion für die Bühne three channel
        video for the stage, Schauspielhaus Wuppertal
1997   Meine Familie und Ich My Family and I, Video, 16 Min
        Sieh dem Parkhauswächter bei der Arbeit zu, Watch the Car-Park
        Guard Work, 22 Min
1996   Theater der Verachtung (Théâtre du Mépris III) Video für die
        Bühne video for the stage, Schauspielhaus Wuppertal/ Théâtre
        Gérard Philipe, Paris
        People, Video auf 2 Bildschirmen video on two monitors, 10 Min

Ausbildung und Lehre Education and teaching

Sylvie Boisseau
Studium der Volkswirtschaftslehre studied Economics at Sorbonne, Paris
und and Bergischen Universität, Wuppertal
1995-1997 Regieassistentin assistant to the director Christian Colin,
Schauspielhaus Wuppertal
1998-1999 Gaststudium der bildenden Kunst studied fine arts, École nationale supérieure de beaux-arts Paris, Atelier Christian Boltanski
2002 Workshop Dramaturgie und Kameraarbeit dramaturgy and camera-
work mit with Slavomir Idziak, Filmhaus Köln
2002 Schauspiel acting workshop mit with Andreas Schmidt
2002-2005 MFA "Art in Public Space and New Artistic Strategies" Bauhaus
Universität Weimar, Abschluss degree Master of Fine Arts
2008 Film Workshop mit Grundschulkindern with primary school pupils,
Montessori Schule school, Stuttgart Hausen

Frank Westermeyer
1992-1997 Studium Kommunikationsdesign studied visual communication Wuppertal, bei with Bazon Brock, Ursula Wevers
1998-1999 Studium der bildenden Kunst studied fine arts, École nationale
supérieure de beaux-arts Paris, Atelier Christian Boltanski
2000-2005 künstlerischer Mitarbeiter assistant professor, Fakultät Gestal-
tung Department of Art and Design, Bauhaus Universität Weimar
2004 Dozent lecturer School of the Art Institute, Chicago
unterrichtet Videokunst an der teaches videoart at the Haute école d'art
et de design - Geneva

Cornelia Erdmann

Abschlüsse in Architektur (Diplom, 2002) und in Public Art and New Artistic Strategies (MFA, 2005) an der Bauhaus Universität Weimar. Von 2006 – 2008 leitete sie den *1a space* Kunstraum in Kowloon, Hongkong. In ihren Projekten in Kunst und Design interessiert sie sich für Zusammenhänge zwischen Raum und Gesellschaft. Ihre Arbeiten wurden u.a. im Kunstraum Bethanien und Gallery Sleeping Dogs, Berlin, Gallery Threewalls, Chicago, Fondazione Bevilacqua, Venedig, Toyota Municipal Museum of Art, Toyota, Blue Lotus Gallery, Hongkong und der KunstFilm Biennale Köln gezeigt.

Received a master's degree in architecture (2002) and a MFA in Public Art and New Artistic Strategies (2005) both from Bauhaus-University Weimar, Germany. From 2006 to 2008 she was the curator of *1a space* gallery in Kowloon, Hong Kong. In her personal art and design projects she is interested in the interaction of space and society. Her works have been shown in Kunstraum Bethanien and Gallery Sleeping Dogs, Berlin, Gallery Threewalls, Chicago, Fondazione Bevilacqua, Venice, Toyota Municipal Museum of Art, Toyota, Blue Lotus Gallery, Hong Kong and in the KunstFilm Biennale, Cologne.

Katrin Mundt

Freie Kuratorin und Autorin. Jüngste Ausstellungen: *Weder Entweder Noch Oder* (2008), *Landschaft (Entfernung)* (2007), beide im Württembergischen Kunstverein Stuttgart, und *Selbstorganisation* (2006) bei plug.in, Basel. Zahlreiche thematische Film- und Videoprogramme für Festivals und Kunstvereine, u.a. den Hartware MedienKunstVerein, Dortmund, die Internationalen Kurzfilmtage Oberhausen und den Brandenburgischen Kunstverein, Potsdam. Mitglied der Auswahlkommission der Internationalen Kurzfilmtage Oberhausen (2005, 2006) und des European Media Art Festival, Osnabrück (2009).

Independent curator and author. Recent exhibitions include *Neither Either Nor Or* (2008), *Landscape (Distance)* (2007), both at Württembergischer Kunstverein Stuttgart, and *Self-organisation* (2006) at plug.in, Basel. Numerous thematic film and video programmes for festivals and galleries, including Hartware MedienKunstVerein, Dortmund, the International Short Film Festival Oberhausen, and Brandenburgischer Kunstverein, Potsdam. Member of the programme committee of the International Short Film Festival Oberhausen (2005, 2006) and the European Media Art Festival, Osnabrück (2009).

Yeung Yang

PhD, lebt und arbeitet in Hongkong. Sie ist Kunstvermittlerin, Autorin und unabhängige Kuratorin. Regelmäßig arbeitet sie mit Kunst außerhalb von Galerieräumen. 2008 gründete sie in Hongkong die Non-Profit Organisation *soundpocket* zur Verbreitung und Erforschung der Kulturen des Hörens und der Klangkunst.

PhD, lives and works in Hong Kong. She is an educator, writer and independent curator who frequently works with art in non-gallery spaces. She founded the not-for-profit organization *soundpocket* in 2008 to promote and research cultures of listening and sound art in Hong Kong.